Das Buch

Heute stelle ich das Denken ein? Natürlich nicht, es rattert unaufhörlich. Macht alles einen Sinn? Kann, aber muss nicht. Verfolgt dieses Buch einen Plan? Eher der Zufall führte Regie und die Freude an der Komik, der Spaß am Reim, an der Melodie der Sprache und Wörter. So kann alles im Gedicht verwendet werden, ob es menschliche Eigenarten, Tiergeschichten oder krude Gedanken sind, wenn ich dichte ist nichts vor mir sicher. Versammelt sind hier Gedichte der letzten fünfundzwanzig Jahre.

Der Autor

Hartmut Rusch, Jahrgang 58, in Hamburg geboren und aufgewachsen, lebt in Schleswig-Holstein, geht Einkaufen, backt Kuchen, läuft, mäht Rasen oder sieht fern, spielt Saxophon wenn er nicht schreibt, sorgt für seine Frau und sich um Ideen für Geschichten und Gedichte.
Die vorliegende Sammlung ist seine erste Veröffentlichung. Die Zeichnungen und Bilder hat seine Nichte Nina Peinemann beigesteuert. Die Fotos stammen aus der eigenen Kamera.

Hartmut Rusch

Heute stelle ich das Denken ein

Gedichte

*Zeichnungen und Bilder
von Nina Peinemann*

Bibliografische Information der Deutschen Nationalbibliothek:
Die Deutsche Nationalbibliothek verzeichnet diese Publikation in
der Deutschen Nationalbibliografie; detaillierte bibliografische
Daten sind im Internet über dnb.dnb.de abrufbar.

Herstellung und Verlag: BoD – Books on Demand, Norderstedt

ISBN: 978-3-752-67270-1

Jeder Mensch sollte irgendwie schöpferisch tätig sein, ohne Rücksicht auf die Qualität dessen, was er herstellt.

Jehudi Menuhin
Faszination 181
Worte wie Klang in der Stille

STATT EINER ERKLÄRENDEN EINLEITUNG

So wirr meine Gedanken
sie fanden niemals Schranken
Ordnung in meinen Gedichten
du findest sie mitnichten
so wie sie entstanden
sind sie hier vorhanden
die Reihenfolge folgt der Zeit
so gut so weit
und Interpunktion
die fügte ich später ein schon
für dich zum besseren Lesen
zu Anfang ist sie nicht dagewesen

DENKEN

Heute stelle ich das Denken ein,
kein Ansatz mehr, nicht mal zum Schein.
Ich kippe nun den Schalter um
und die Gedanken bleiben stumm.

Doch, das ist wirklich äußerst dumm,
irgendetwas schwirrt in meinem Hirn herum.
Habe ich nicht alles angehalten,
was sollten die Synapsen noch verwalten?

Zu blöd, dass ich nicht in der Lage bin,
zu tun wonach mir steht der Sinn.
Ich merke, ich bin nicht der Herr im Haus,
Gedanken gehen ein und aus.

Veranstalten was sie nicht machen sollten,
wollte nicht, dass sie herum tollten.
Sie scherten sich nicht, sie spielten,
mit Einfallsblitzen mich zum Narren hielten.

Ein Gedicht entstand, ein zweites und so fort,
mein Gehirn ein sprudelnder Hort,
ob mit Verstand aber auch ohne,
egal ob ein Gedicht literarisch sich lohne.

Deshalb, das Denken stelle ich nicht ab
und Einfälle werden niemals knapp.
Sie niederzuschreiben macht mir Lust
und ich hoffe, das Lesen dir keinen Frust.

DER DICHTER oder DIE BALLADE VON DER VERHÄNGNISVOLLEN AFFÄRE

Ein Männlein, einfältig und schlicht
schrieb eins ums andere Gedicht.
Er stapfte durch die deutsche Sprache
wie sonst ein Bub durch eine Lache.
Mal grob, mal arglos, ohne Plan,
manch einer glaubte ihn im Wahn.
Und das nur, weil ihm verkündet,
er sei ein Dichter. Dies war begründet.

Er schloss sich ein in seinem Heim
und dichtete nun Reim an Reim.
Zu Bohnen, Erbsen, Zuckerschoten
gesellten sich Knipp und Schweinepfoten.
Zu Drachen, Zwergen, Königspaaren
fand man im Vers nun Zähne mit Haaren.

Keine Müh hat er mit Zange,
reimt sie sich nett auf Zuckerstange.
Zu Stelle, Delle oder Schelle
bemühte er auch Westerwelle.
So wie es kam, so wie es passte,
als ob kein Zweifel auf ihm laste.

Verließ ihn seine Dichterkunst
wurd´ auch ein Klassiker verhunzt.
Mal Heine, Herder, Klopstock gar,
im Schüttelreim bringt er sie dar.
Trakl, George und auch ein Brecht,
den Zuhörern wurde häufig schlecht.

Angesprochen auf seinen Schund,
dann tat er Folgendes nur kund:
"Oft unerkannt bleiben große Meister,
Kritiker sind kleine Geister.
Neid und Missgunst ist deren Sache
wenn ich mein Feuerwerk entfache!"

Es ward geschrieben und gedichtet,
Vers auf Vers wurde aufgeschichtet.
Wie ein Maurer seinen Mörtel rührt
verquirlt er Worte ungeniert.
Und will der Reim ihm doch versagen,
wie ein Holz wird jedes Wort zerschlagen.

Keine Scheu hat er mit Liebe,
klingt sie vorzüglich gepaart mit Siebe.
Auch Treu, Sehnsucht und Trauer
verband er sorglos mit Spreu, Zucht, Bauer.
Zu Hoffnung, Schmerz und Liebespein
kam Kuhdung, Terz und Ochsenbein.

Des Goethes Wilhelm Meister,
wir fanden ihn, verklebt mit Kleister.
Des Schillers Räuber, gestutzt auf sieben,
im Limerick sind sie vertrieben.
Fontanes Ribbeck nachgebessert,
zum Birnenmus, und den verwässert.

Kein Satz von ihm gesprochen,
der nicht im Vers verbrochen.
Metrik, Rhythmus war einerlei,
alles verkam zum Reimebrei.
Kein Skrupel, der ihm sagte: "Halt!"
Lyrik machte er mit Reimen kalt.

Der Duden wurde solang gewrungen,
bis ihm auch jeder Reim gelungen.
Er erdreiste sich und scheute nicht,
alles geriet in ein Gedicht.

Er folgte der Bestimmung stur,
verließ den Pfad nicht und das nur,
wer lötet, klempnert und auch schweißt
bei manch einem "Dichter" heißt.

TRISTESSE

Trübe blickendes Trottelgesicht,
träge in Tristesse gefangen,
träumt von Liebe und Treue.

Tranig gebunden durch triste Sicht,
trunken von Tränen,
tröpfelnd vor Trauer,
triebhaft und tragisch umfangen,
trampelt und trottet es aufs Neue,
traktiert uns mit einem Trottelgedicht.

TOTES KIND oder BRUDERMORD
EIN NEKROLOG

Wessen Eltern Kind bist du, dass du dich erdreistest,
so schamlos dich aus der Welt zu stehlen?
Wessen Vaters Sohn, dass du dir hier leistest,
nur schamhaft um die Gunst zu buhlen?
Wessen Mutters Liebling, von der du erhofftest,
dich schützend, sie für dein Leben fleht?
Wessen Bruders Bruder, vor dem du dich fürchtest,
der schaurig fordert, dein Leben sei gelebt?

Die Eltern, Grammatik, haben dich ausgeguckt,
der Vater, Kasus, hat dich ausgespuckt,
die Mutter, Phonetik, hat dich liebgewonnen,
der Bruder, Dativ, hat dir das Leben genommen.

Des zweiten Falles graziöser Klang,
dessen liebreizende Formen wir uns vage erinnern,
seit Jahren nur noch ein Totengesang
von verwesenden, grammatikalischen Spinnern.

Sie pflegen die Pflanze, den Kümmerling noch,
haben Hoffnung, dass er bestehe,
im gesprochenen Wort und doch
nicht im Straßendeutsch schändlich vergehe.

Schwach, zerbrechlich sind deine Glieder,
deine Melodie ein zart Kontinuum,
der Ersatz dröhnt hämisch wider,
der Sprache widerliches Labium.

Wem gehört der Hut?
Dem Vater gehört die Kopfbedeckung!
Kalt, herzlos, tosend,
für Wohlklang kein Gespür.

Wessen Stimme hören wir mit sanftem Mut?
Der Sopranistin Töne gilt unsere Verzückung.
Schmeichelnd, weich, liebkosend
umgarnt er das Gehör.

Der Dativ hat den Krieg gewonnen,
gemetzelt, gemeuchelt, wo er nur konnte,
den Genetiv, der noch versonnen
davon träumte, im Glanz der Dichter er sich sonnte.

Wessen Kasus eitle Klänge, denen wir einstmals bedächtig
        lauschten?
WEM verbiete man, dass es sich verbreitet!
Wo früher des Genitivs Melodien rauschten,
wird heute DEM DATIV die Welt bereitet.

Der Totgeweihten Kind bist du,
besungen nur noch von Greisen,
bald liegst du dann in seliger Ruh,
begraben deine charmanten Weisen.

Wessen Eltern Kind bist du, dass sie nicht beweinen,
den Abgang, dessen wir uns jetzt schämen,
wessen Vaters Sohn, der fühlt sich im Reinen,
vergessen den Tod, dessen wir uns nun grämen.

Wessen Mutters Liebling, die mit uns nun trauert,
sie ahnt, der Sprache geht Schönes verloren,
wessen Bruders Bruder, der nur darauf lauert,
aus deinem Grab nun neu geboren.

Des Genitivs letzte Stund´ ist gekommen,
kaum einer hat sie wahrgenommen.

DER NASENBÄR

Der Nasenbär, der Nasenbär
erzählte mir eine große Mär.
Er berichtete voll Jammer,
er wäre eine Nasenklammer.

Jetzt neulich, so vor ein paar Tagen,
ich mag es euch kaum sagen,
ich sah schon wieder einen dieser Sorte,
der glaubte doch, er wäre eine Torte.

Nun frag ich mich, ob es wirklich ist,
oder eine bestimmte Art von List?
Haben sie ihre wahre Bestimmung gefunden,
oder hat man mir einen Bären aufgebunden?

ATTRAKTIVITÄT

Sie spüren es! Alle Frauen fühlen es, es kribbelt bei ihnen.
Warm liegen ihre Blicke auf meinem Körper.
Und das gefällt mir, ich genieße es.
Und das gefällt ihnen, sie genießen es.

Schade, dass ich nicht schon früher darauf gekommen bin.
Meine erotische Ausstrahlung
hat um hundert Prozent zugenommen.
Dass das so einfach ist!

Ob ich zu lüstern zu ihnen hinüber blicke?
Wohl kaum! Ihre Blicke treffen mich ebenso schamlos.
Sie wandern an meinem Körper auf und ab, auf und ab.
Ziehen mich aus!

Bis ich fast nackt vor ihnen stehe,
bekleidet nur noch mit meiner neuen schwarzen Unterhose.

SCHICKSALE

Der Mann mit der eisernen Maske
trägt schwer an Gewicht und Los.

Die Dame in der Schönheitsfarm
trägt Maske mit Gurke.

Auf der Nase des Clowns sitzt eine Pappnase,
er maskiert seine Trauer.

Das Phantom der Oper trägt eine Maske,
es verbirgt seine Hässlichkeit.

Die vierzigjährige Frau
trägt Maskara auf.

Im Karneval setzt der Jeck die Maske auf.
Nun lässt er die Sau raus.

Der maskierte Bankräuber
kann den Lohn seiner Arbeit mit niemandem teilen.

Millionen setzen morgens
vor der Arbeit eine Maske auf.

Schicksale!

TRAUER

Ich trauere über das Leid der anderen,
der Lebenden, Trauernden!
Nur dumm, dass gerade jetzt
mein Bauch zu knurren anfängt.
Hoffentlich hält das Wetter.
Ich habe keine Lust hier im Regen zu stehen.
Meine Frisur ist dann gleich völlig ruiniert.
Und meinen Schuhen reicht es schon,
im feuchten Gras zu stehen.
Hoffentlich gibt das keine Ränder.
Was wohl die anderen denken?
Der Leichenträger würde lieber Fußball spielen.

DIE ALTE FRAU

Die alte Frau am Fenster kann nicht mehr so gut sehen.
Deshalb sieht sie die Welt mit den Augen der Erinnerung.

Die alte Frau am Fenster kann nicht mehr so gut hören.
Deshalb hört sie auf ihre inneren Stimmen.

Die alte Frau am Fenster hat Schwielen an den Händen
und Gicht in den Fingern.
Deshalb fühlt sie mit dem Herzen.

Die alte Frau versteht die Welt nicht mehr.
Trotzdem weiß sie alles besser.

SCHULE IST SCHÖN

Mama sagt, Schule tut nicht weh.
Mama kennt Lars mit den dicken Oberarmen nicht...
Mama sagt, alle müssen zur Schule gehen.
Mama kennt die dünne Nadja nicht, die immer hustete.
Nach drei Wochen kam sie nicht wieder...

Mama sagt, Schule macht Spaß,
das ist wie Plätzchen backen lernen.
Aber Papa befiehlt ihr auch nicht, eine ganze Stunde
auf dem Stuhl in der Küche zu hocken und nicht aufzustehen.

Papa sagt, wenn man lernt, dann wird aus einem
später mal was Anständiges.
Ich will später singen wie die Spice Girls.
Papa sagt, das ist nichts Anständiges.
Ob die auch immer mit dem Essen kleckern und schmatzen?
Papa sagt, nur wer lernt, hat auch Erfolg im Beruf.
Mama hat sicher früher nichts gelernt.

FRAUEN

Folter ist unmenschlich.
Ich kann keiner Folter widerstehen.

Schöne Frauen sind unwiderstehlich.
Ich kann keiner schönen Frau widerstehen.

Schöne Frauen sind unmenschlich.
Schöne Frauen foltern.

DER DENKENDE KÖNIG

Der König saß auf seinem Thron und dachte nach.
Er hätte auch vordenken können, doch das lag ihm nicht.
Vielleicht sollte er ein Vordenker seines Volkes sein,
doch lieber überließ er dieses den Philosophen.

Stattdessen war er seinem Volk ein Vorbild.
Von einem Nachbild hatte er noch nie gehört.
Eine Nachbildung hatte er schon irgendwo gesehen,
sie gefiel ihm aber nicht.

Der König war der Überzeugung, dass Vorbildung für die
Ausübung des Königsamtes unbedingt notwendig sei.
Jeder König bedürfe einer Grundbildung.
Das war für den König ein unumstößlicher Grundsatz.

Den Grund hierfür suchte er allerdings noch.
Darüber dachte der König gründlich nach.
Sitzend auf seinem Thron.
Er hätte auch vordenken können...

IM HIMMELREICH

Dem Himmelreich fehlt die Moral,
die zehn Gebote schmecken schal.

Einst lernten wir das Ehebrechen zu vermeiden,
das könne der liebe Gott partout nicht leiden.
Doch was muss ich sehen, nun oben angekommen,
mein Weib hat sich einen anderen Engel genommen.

Hat nicht gewartet, bis ich an der Reihe.
Im sicheren Glauben, dass ich ihr verzeihe
die neue Wahl
und das ohne Qual.

Begründet hat sie's, Gott sei's geklagt:
"Hier lieben wir uns alle", hat sie gesagt.

JOHN NÄGELE

frei nach Theodor Fontane

John Nägele!
Wer ist John Nägele?
John Nägele war unser Kombüsenmann,
aushielt er, bis er das Ufer gewann,
er hat uns gerettet, er trägt die Kron,
er kochte für uns, unsre Liebe sein Lohn.
John Nägele.

Der "Kranich" dampft über den Bodensee,
Gischt schäumt um den Bug wie Blätter von Tee,
von Konstanz fliegt er nach Bregenz hin.
Die Köpfe benebelt von Gläsern voll Gin,
die Passagiere mit Kindern und Fraun
im Dämmerlicht schon das Ufer schaun,
und plaudernd an John Nägele heran
tritt alles: "Wann ist´s soweit, Kombüsenmann?"
Der schaut in den Topf und schaut in die Rund:
"Noch dreißig Minuten ... halbe Stund."

Er ist am Kochen und am Braten,
köstliche Speisen sollen geraten.
Schupfnudeln dampfen, die Flädle sind platt,
von den Gästen ist noch keiner satt.
John Nägele ackert in seinem Metier,
fünfundzwanzig Minuten bis Bregenz - ade.

Alle Herzen sind froh, alle Herzen sind frei -
da klingt aus der Küche her ein Schrei,
"Feuer!" war es, was da klang,
ein Qualm aus Kajüt´ und Luke drang,
die Spätzle brennen ziemlich satt,
und noch zwanzig Minuten bis Bregenz Stadt.

Und die Passagiere, buntgemengt,
von der Kombüse weggesprengt
am Bugspriet steh´n, vermissen Gericht,
der Kellner der dumme, serviert es nicht.
Und ein Jammern wird laut: "Was essen wir, wann?"
Und noch fünfzehn Minuten bis Bregenz dann.

Der Zugwind wächst, doch die Qualmwolke steht,
der Kapitän nach den Spätzle späht,
er sieht nicht mehr seinen Köchelmann,
aber durchs Sprachrohr fragt er an:
"Noch da John Nägele?" "Ja, Herr, Ich bin.
Ich halte die Spätzle noch etwas hin!"
Der Käpt´n steuert die Seebühne an,
noch zehn Minuten nach Bregenz `ran.

"Noch da, John Nägele?" und Antwort schallts
mit fettiger Stimme: "Ja, Herr, Ich halt´s!"
Und in den Vorhang, Klappstuhl, egal,
jagt Käpt´n den "Kranich" in die Vorstellung mal,
soll Rettung kommen, so kommt sie nur so.
Rettung: die Bühne der klassischen Show!

Die Seebühne war's, die grausam zersplittert,
das Publikum scheu und schaurig erzittert.
Und Schluss ist's mit Klassik unter freiem Himmel,
die Österreicher haben sowieso einen Fimmel.
Das Schiff geborsten, die Spätzle verschwelt.
Gerettet alle. Nur einer fehlt?

Alle Glocken geh´n; die Spätzle warten,
gereicht werden sie mit Zwiebelrostbraten.
Kein Klagen, kein Jammern, es schweigt die Stadt,
eine Leistung nur, die Dienst heut hat.
Serviert: zehntausend Gerichte und mehr,
und kein Aug´ in der Stadt, das tränenleer.

Sie lassen den Topf in Ehrfurcht kreisen,
gar köstlich munden die heißen Speisen.
Und mit Filzstift auf den Ytong-Stein
schreibt ein Kind seinen Dankspruch ein:
"Das war John Nägele. In Qualm und Brand
hielt er den Topf fest in der Hand,
er hat sie (die Spätzle) gerettet, er trägt die Kron,
er serviert jetzt für uns, unsre Liebe sein Hohn.
John Nägele."

DER GEISTER REIGEN
oder
DES DICHTERS ALBTRAUM

Nachts treten Geister auf vor meinem Bett.
Sie tanzen einen komischen Reigen.
Sie warten nicht, bis ich in diesem Land,
in denen mir Träume das Leben zeigen.

Sie lauern, sie harren, liegen unter dem Bett,
im Schrank oder Lade, bis sie es spüren,
jede Ritze dient ihnen als Versteck,
bis sich die Wimpern meiner Augen berühren.

Sie kriechen hervor und stellen sich auf,
Gekicher dringt an die Ohren.
Jede Nacht nimmt den selben Verlauf,
bis ihre Lieder meine Sinne durchbohren.

Jede Nacht singen sie dasselbe Lied,
die Geister, die allein mir gehören,
mal laut, mal leise, bedächtig und schrill.
Jede Nacht werden sie mich stören.

Vom Dichten und Schreiben ihre Lieder handeln,
Lyrik, Prosa und Poesie sind die Tänze.
Deren Taktzahl und Tempi schwanken,
währenddessen binden sie zarte Kränze
von Komik, von Mystik, Tragik und Trauer,
spaßig, elegisch, belanglos und klug.
Die Tänze vermissen jede Dauer,
glucksend leeren sie den Krug:

allegorisch
metaphorisch
aphoristisch
parenthetisch
parechistisch
pleonastisch
tautologisch
amphibolisch

Mir schwirren die Sinne,
Synapsen trommeln den Takt dazu,
umgarnen mich wie eine Spinne,
neuronale Netze flechten sie hinzu.

Speiende Spötter vom Spaß getrieben,
spuken sie spielend die Nacht entlang,
jede Nacht werde ich getrieben
von ihren Texten, von ihrem Gesang:

produktiv
destruktiv
induktiv
deduktiv
transitiv
travestiv
extensiv
und intensiv

Vom Drehen und Springen völlig verwirrt,
außer Atem, öffne die Augen,
in planlosen Takten gänzlich verirrt,
meinen Gedanken mag ich nicht glauben:

apolitisch
aporetisch
atavistisch
apodiktisch
extremistisch
sozialistisch
kommunistisch
kriminalistisch

Die Nacht nimmt ihr Ende,
im Osten, es dämmert,
doch noch springen behände
die Gespenster, ihr Rhythmus der hämmert:

orchestral
kantoral
atonal
optimal
liberal
kommunal
auch oral
und fäkal

Die Geister entschwunden, der Reigen beendet,
mein Schreibtisch funkelt im Sonnenschein.
Nun hock ich verzagt, von weißem Papier geblendet,
und warte vergeblich auf einen einzigen Reim.

LANDPARTIEN

Durch die Marsch

Hmm, hmm ....hmm
....
....
hmmm, hmmm ...hmmm

....
....
nnnnnn, ssssssss, nnnnnn
............................o (kurz)

....
....
....
....

Hmm, hmm ....hmm
nnnnnnn, sssss, nnnnnnn
....
guck mal guck mal guck.

Stundenlang

Im Klövensteen

B
Ba
Bau
Baum
Baum Baum
Baum Baum Baum
Baum Baum Baum Baum
Baum Baum Baum Baum Baum
Baum Baum Baum Baum Baum Baum Baum
Baum Baum Baum Baum Baum Baum Baum Baum
Baum
Baum
Baum
Baum
Baum
Tanne

Durch das Schnaakenmoor

Hier geh ich nicht
Hier hier hier hier
Hier hier ist trocken
Och doch nicht

Da da dort
Vorsicht
Äääh
Weg

Nass
Fuß nass
Füße nass
Socken auch

Ich geh hier
Hier hier hier hier
Hier hier ist trocken
Och auch nicht

Weg
Schuh weg
Gute Laune weg
Immer noch kein Weg

Am Deich (1)

Huh, huh, huh
Huh, huh, huh
Huh, huh, huh
Huh, huh, huh

Huuh, huuh, huuh
Huuh, huuh, huuh
Huuh, huuh, huuh
Huuh, huuh, huuh

Huuuh, huuuh, huuuh
Huuuh, huuuh, huuuh
Huuuh, huuuh, huuuh
Huuuh, huuuh, huuuh

Huuuuh, huuuuh, huuuuh
Huuuuh, huuuuh, huuuuh
Huuuuh, huuuuh, huuuuh
Huuuuh, huuuuh, huuuuh

Huuuuuh, huuuuuh, huuuuuh
Huuuuuh, huuuuuh, huuuuuh
Huuuuuh, huuuuuh, huuuuuh
Huuuuuh, huuuuuh, huuuuuh

Huuuuuuuuuuuuuuuuuuuuuuuuu
Sturm

Weiden und Äcker

Kuh Kuh muh Kuh Kuhdung
Kalb Kalb muh Kalb Kalbdung
Klee Klee mieten Kuhfutter Kuhdung
Kartoffeln Kartoffeln brennen Schnaps Erntedank

Am Deich (2)

Huh, huh, huh
Nu schön
Blau
Wasser Himmel Wanderer

Huuh, huuh, huuh
Nur Bö
Immer noch blau
Wasser Himmel Wanderer

Huuuh, huuuh, huuuh
Nicht nur Bö
Ansonsten schön
Wasser Wanderer noch blau

Huuuuh, huuuuh, huuuuh
Hut weg
Himmel grau Wasser braun
Wanderer immer noch blau

Huuuuuh, huuuuuh, huuuuuh
Gute Laune weg
Nicht mehr schön
Wanderer jetzt blaugefroren

Huuuuuuuuuuuuuuuuuuuuuuuu
Sturm

Geest

Sand

TIEFE TANNEN
oder DUNKLE TAGE
oder DER HERZOG FINDET AUCH KEINEN SPOTT
oder AUCH KRÄHENFÜSSE HINTERLASSEN KEINE SPUREN IM SCHNEE

Scheppernde Bänder berühren feist die lauschende Sichel.
Der hadernde Frost, gefühlvoll durchwandert,
legt sich heimlich der dräuenden Gicht entgegen.
Trotz Achtsam- und Betulichkeit versetzt die Glucke das zierliche
Geäst.
Hier und gerade wegen des zunehmenden Alters
überhören knarrende Tambours das winselnde Gegenlicht.
Nein! Was wir nicht hören, können Fährten auch nicht befahren.
Sie schweigen - elend -
Lotte löst das Lottolos ein, später ihre Armbanduhr aus.

Dennoch baut sich - was der klaglose Asphalt nicht versprechen
wollte -
aus gleichnishaften Düften hervorgegangen,
die pflegeleichte Heiterkeit dem verfallenden Betrachter
entgegen.
Staunend durchschreitet der Melancholie Feuchtigkeit
die zerfahrene Rinne übelriechender Schatten.
Getrieben von verblichenem und gelbumrändertem Mehltau,
der, hervorgekrochen aus verwesenden Löchern,
genügsam im wärmenden Dämmerlicht sabbert.
Tiefe Tannen, bedrohlich und voller Spott herüber blickend -
verglichen mit vergänglich lauernden Amseln,
sattsam verkümmert unter der beglückten Decke -
lassen der Wachsamkeit die stolze Kreatur vergessen.

Was bleibt?
Schmarotzende Irrlichter,
die nichts mehr verteufeln,
zollen der übertrieben geschminkten Liebschaft Tribut.
Nebel, dies aufmerksam betrachtend, steht zum Salut bereit.
Das flaue Bewusstsein endloser Gedanken,
die Nächte fortleben lassen, endlos, bedingungslos, klaglos.
Wieder nichts gewonnen,
Lotto und Gerhard Nieten.
Tage wollen sich nicht erhellen.

MÄNNERLEIDEN

Schmerzverzerrt und schluckbeschwerd
steht er jetzt an seinem Herd,
einen Tee will er sich nur kochen,
er hätte sich sonst längst verkrochen
unter die warme Decke, in sein Bett,
flach gelegt, wie ein Brett.

Nur noch die Fenster verdunkelt,
denn so mancher munkelt,
es geht auf die Sinne, auch die Augen,
die Schmerzen, wer es nicht kennt, kann es kaum glauben.

Aber nun fängt sein Herz an laut zu pochen,
in seinem Innern beginnt es zu kochen,
der Schweiß wirft Perlen auf die Stirn,
es brodelt jetzt in seinem Hirn.
Von wegen Bluthochdruck spürt man nicht,
er merkt doch wie es in ihm sticht.

Nun fängt er auch noch an zu würgen,
schlecht ist ihm, er kann es verbürgen.
Auch der Magen hat gelitten
und die Schmerzen im Kopf lassen sich nicht lang bitten.
Nun hockt er da mit seinem Rüssel
tief gebeugt über der Schüssel.

Er schleppt sich zum Stuhl, er kann nicht mehr,
seine Batterie ist jetzt aufgebraucht und leer.
Gestern noch kerngesund und munter,
heute geht das Leben unter.
Er ahnt, er ist dem Ende nah.
Es ist vorbei, die Engel stehen schon da.

Was er erleidet, das kann keine Frau erfühlen!
Wie die Schmerzen in den Gedärmen wühlen!
So niedergeschlagen und verzagt,
wenn jedes Organ den Dienst versagt,
wenn böse Geister an jeder seiner Zellen schmerzhaft zupfen,
das ist die Männergrippe, oder Schnupfen!

ZWEIMAL TÄGLICH

Ich habe ihn ermordet, nun ist er tot,
doch das nicht ohne größte Not.
Ich habe ihn erschossen
und ich habe es genossen.

Ich hätte ihn auch erdrosselt, erwürgt,
auch das sei hier verbürgt,
doch zu gefährlich wäre dies Sinnen,
einer eigenen Verletzung wollte ich entrinnen.

Des Nachbars Hund, 'ne fiese Töle,
gefällt sich sehr mit viel Gegröle,
bekläfft wird jeder, er ist sich treu,
er trennt nicht Weizen von der Spreu.

Mal ist es das Auto, mal der Passant,
sogleich kommt er hektisch angerannt,
die Schnauze an den Zaun gedrückt,
man fragt sogleich, wird er verrückt?

Dann wird gebellt, gejault und gekeift,
bis der Passant die Flucht ergreift.
Gassi gehende Hunde verdutzt nur glotzen,
und ich als Nachbar könnte kotzen.

Manch Tage geht es stundenlang,
nicht enden will des Köters Drang,
Vorbeigehende zu erschrecken
und alle Nachbarn aufzuwecken.

Doch nun hab ich es getan mit beiden Händen,
geschützt und sicher hinter Küchenwänden,
die Mittelfinger am Abzug, die Daumen gespannt,
jetzt, wenn er wieder angerannt,
an Nachbars Zaun als Ziel sich bietet,
jetzt habe ich ihn umgenietet.

Mindestens zweimal täglich steh ich am Fenster
und benehme mich als Gangster,
und wenn ich ihn dann zielgenau gesichtet,
dann habe ich ihn hingerichtet.

KEIMENDE REIME

Angst

Der Gedanke beim Dichten und beim Reimen,
die Angst, am Ende haben sie keinen
Reim, der gilt, keine Silbe, die am Ende passt,
diese Furcht nimmt mich zu oft in Haft.

Es wäre doch schön, es würde keimen,
dann wäre ich auch gleich im Reinen,
die Lyrik wäre mir nicht mehr verhasst
und das Dichten gäbe mir viel Kraft.

Nochmal

Der Gedanke, dass das Reimen und das Dichten
kein Ende hat, das gut klingt,
macht gute Laune? Oh mitnichten,
ein Gedicht, das nicht schön singt.

Ach, wenn doch Schönes in mir keimen würde,
ich wäre im Reinen und das gleich,
dann wäre die Lyrik mir keine Bürde
und ich wäre der guten Laune reich.

Anders

Ein Gedicht ist ein Gedicht,
der Wörter angerührtes Gericht,
der Sinn dem Leser sofort sticht
ins Gehirn und macht ihm Licht
und bringt ihm manchmal eine neue Sicht.

Der Satzbau durch Waghalsigkeit besticht,
manchmal auch durch Zweifel anficht,
den Hörer aussehen lässt wie einen Wicht,
ihn fühlen lässt, als hätte er Gicht,
krank zurück lässt und das nicht,
weil der Autor nur erpicht
ist auf des Glückes totalen Verzicht.

Er treibt es nur so weit bis man bricht.

Ach was

Eine Geschichte ist ein Gedicht.
Nein, das ist es nicht, nicht immer.
Manchmal ist es ein Bericht.
Oh je, jetzt wird es schlimmer.
Lyrik ist der Sprache helles Licht.
Der Autor dieser Zeilen hat 'nen Glimmer.
Die Lyrik gibt der Poesie ein frohes Gesicht.
Sein Verstand reduziert mit 'nem Dimmer.
Vergessen ist jetzt alle Vorsicht.
Die Hörer brechen aus in lautes Gewimmer.
Überbringen will er nur seine Nachricht.
Ich glaub von Lyrik hat er keinen Schimmer!

DER KASIMIR

Im Wald da lebt der Kasimir,
er ist ein harmloses Gürteltier.
Sein Anblick ist adrett,
doch was er anhat scheint nur nett.

Denn ein Tier von solcher Gestalt,
behütet vom Panzer, der ausstrahlt Gewalt,
sich anfühlt wie eine Kugel aus Eisen,
als wollte es sich etwas beweisen.

Das wünscht sich Veränderung, ein anderes Leben,
vielleicht möchte es auch nach Höherem streben.
Es ist doch gar kein böses Tier im Wald,
es macht auch keine anderen kalt.

Na gut, Käfer, Larven und Termiten,
das lässt es sich nun nicht verbieten,
die verspeist es, da beißt es rein,
für uns würden sie nur Plagegeister sein.

Und auch die Maus, kommt sie ihm vor Augen,
muss sie häufig auch dran glauben.
Aber sonst ist es ganz friedlich,
es tummelt sich doch auch so niedlich.

Der Kasimir, der Kasimir,
pazifistisch erscheinen möchte er hier.
Niemand soll ihn mit Kriegsgerät vergleichen,
lieber ihm den Palmenzweig reichen.

Im Wald, da lebt der Kasimir
und träumt, er wär´ ein Kuscheltier.

ATZE

Da kommt der Atze,
ein stattliches Exemplar einer männlichen Katze.
Gewöhnlich heißt sowas Kater
und Atze ist deshalb mehrfacher Vater,
beglückt hat er etliche Damen
mit seinem fruchtbaren Samen.
Um den Nachwuchs kümmert er sich
eher weniger, diese Rolle spielt er kümmerlich.
Auch Treue ist nicht grad seine Tugend,
verloren hat er sie in seiner Jugend.
Beziehungen betreibt er eher liederlich,
manch Begattete findet ihn später nur widerlich.

Er ist ein Straßenkater schlechthin,
Zweifel kommt ihm nicht in den Sinn.
Er ist Herr der Gosse,
er ist der Boss der Bosse!
Stolz schreitet er daher, die Straße ist seine,
andere Kater als Feinde findet er keine.
Deshalb kann er auch lieb sein,
dann streicht er dir ums Bein.
Bei Menschen macht er keine Mätzchen,
kann schnurren, als wäre er ein Kätzchen.
Aber seid sicher, dass er kratzt und beißt,
wenn jemand meint, er mit Nachnamen Schröder heißt.

DER KLAUS

Wer kennt ihn nicht, den kleinen Klaus,
das ist bei uns ´ne graue Maus.
Man sieht ihn nicht, man hört ihn manchmal,
durch jeden Ritz passt er, wenn auch schmal.
Er verschafft sich Eintritt, da ist er fit,
versperren wir die Ritzen, knabbert er sich durch den Kitt.

Ärgerlich wird es, ist er zu dreist
und wir die Spuren finden meist
in der Küche, im Vorratsschrank,
der Gedanke macht uns krank.
Welch unbändigen Hunger er hat,
nichts macht ihn wirklich satt.

Da sind es die Nudeln, die Kekse allemal,
er frisst uns die Haare vom Kopf, wir sind bald kahl.
Käse ist sein Leibgericht,
jede Hürde er durchbricht,
wir müssen nicht lange werben,
für ein Stück Speck würde er sterben.

Ach, du kleiner Klaus, ich mag dich doch,
und irgendwie friedlich bist du auch noch.
Du raschelst nur wenig, du machst keinen Krach,
von mir aus kannst du bleiben unter dem Dach.
Du darfst jetzt hier wohnen, wir haben uns arrangiert,
vorausgesetzt, du knabberst nur in deinem Geviert.

Dort wird er gefüttert,
dort wird er gepflegt,
der kleine Klaus,
unsere niedliche Maus.
Welch Leben steckt in diesem Tier,
es sei denn, er trifft auf Kasimir.

DIE APHRODITE

Nicht einsam ist sie, die Aphrodite,
sie ist eine besonders schöne Termite.
Nicht umsonst trägt sie diesen Namen,
gehört sie doch zu den außergewöhnlichen Damen
ihres Volks und ihrer Gruppe,
man möchte auch sagen: welch geile Puppe.

Für uns Betrachter fällt es schwer zu entdecken,
die Schönheit, die Anmut und wir wollen nicht necken,
uns erschließt sich nicht, was sie so außergewöhnlich macht,
vermutlich erkennen wir aber nicht die Pracht
ihrer Gestalt als Termite, als Insekt,
für uns ist ihre Grazie für immer versteckt.

Für die anderen Termiten ist sie dessen ungeachtet
die Göttin unter ihnen, den Titel hat sie gepachtet.
Wenn auch nicht aus Schaum geboren,
niemand hat ihr den Apfel gereicht, sie als Schönste erkoren,
diese Aphrodite ist nur aus einem Ei geschlüpft
und auch selten aus dem heimischen Hügel gehüpft.

Dein Vater ist sicherlich unbekannt,
wer hat dich nur nach dieser Göttin benannt?
Oder gibt es neben dir noch Hera und Athene,
und im Hügel spielt sich ab die klassische Szene,
ein Jüngling von Termite, Paris sein Name,
wählt unter ihnen aus die allerschönste Dame.

Ach Aphrodite, hast keine Kriege angefacht,
vielleicht mal ein Haus zum Einsturz gebracht.
Deine Heimat ist der Hügel, einen Namen hat er nicht,
nicht Troja, nichts aus einem klassischen Gedicht.
Dir droht kein Kampf, dem Hügel kein Verderben,
es sei denn, es käme Kasimir, dann müsstest du sterben.

DIE BES. WEIHNACHTSZEIT

Die Weihnachtszeit, das ist der allergrößte Scheiß.
Ein Fest zum Konsumieren, das ist ein Grund dich anzuschmieren.
Im September geht´s schon wieder los, da sind sie auch
        erbarmungslos.
Da kommen die ersten Angebote, da stehen die Regale voll
und die Supermarktbetreiber finden das jetzt auch noch toll.
Auf jedem Sender wird schon Werbung gemacht
und jedes Kind wird ständig mit Geschenkwünschen bedacht.

Aber ich sing so gerne Lieder.
Auch "Alle Jahre wieder".
Und wenn wir da so sitzen
am Weihnachtsbaum, die Kugeln blitzen,
und es brennen viele Kerzen,
ach, das geht mir zu Herzen.

Und die fetten Pfaffen werden sich ins Fäustchen lachen.
Werden fröhlich Spenden zählen
und die Gläubigen mit Predigten quälen.
Werden dauernd für Mildtätigkeit bitten,
später aber vergessen sie alle guten Sitten,
denn ihre Pension, das ist das große Ziel.
Und Leute, seit sicher, das ist auch ziemlich viel.

Doch ich stimm so gerne Lieder an,
auch "Morgen kommt der Weihnachtsmann".
Es glitzern all die Sterne,
das mag ich auch so gerne.
Gute Laune und wir scherzen
und das geht mir zu Herzen.

Und dann die Anglizismen,
sie führen nur zu neuen Schismen.
Der Weihnachtsmann heißt Santa Claus,
das ist doch nur ein großer Graus.
Christmas-Time war früher doch Adventszeit,
das ist doch nur Verarsche unserer Menschheit.
Die Einen singen fröhlich "Ho, ho, ho",
wir Anderen werfen dies am liebsten gleich ins Klo.

Doch dann werd ich auch gleich ganz sacht,
lausch ich der Weise "Stille Nacht".
Die Augen werden tränenvoll
und das find ich so wundervoll.
Der Chor singt jetzt in Terzen
und das geht mir zu Herzen.

Die viel gepriesene Weihnachtsfeierei
 ist eigentlich nur ´ne geile Fresserei.
"In der Weihnachtsbäckerei" ist doch nur ein Lied
der Zuckerindustrie und das geschieht
den Leuten nur gerecht, wenn sie so blöd sind und keiner sieht,
dass da nicht nur einer sie über den Tisch zieht.
Das ist nur Abzocke, der Griff in die Taschen,
von dummen Konsumenten wollen sie möglichst viel erhaschen.

Und dann geht es doch mir wie dir
wenn ich höre "Ich steh an Deiner Krippen hier".
Und wenn wir bitten für die Armen und die Kranken
und Unheil zeigen Schranken
und jeder leben möge ohne Schmerzen,
auch das geht mir sehr zu Herzen.

Und ich sing so gerne Lieder.
Und jedes Jahr auch wieder,
wenn ich dann mit den andren sing
"Kling Glöckchen klingelingeling",
"Vom Himmel hoch, da komm ich her",
dann ruf ich aus: "Und noch eins, mehr!"
Schon verstummt der Kritik lästiger Schall,
"Fröhliche Weihnacht überall".

KEIN DICHTER

Man könnte meinen oder denken,
dies ist ein Text, der würde lenken,
den Geist anregen, Intellekt beleben,
nach vorne bringen, zur Zukunft streben.

Nun denn, wir wollen solch einen Geist,
der erst mal aus der Flasche entweicht,
sich ´rumtreibt und Tiefsinn heißt,
ein schlichtes Gemüt vielleicht erbleicht,

keine Schranken setzen, nicht lenken,
denn sonst würde jeder denken,
dies ist kein Text, der würde beleben,
nicht Geist, nicht Intellekt anregen.

Nun denn, wenn solches doch geschieht
und auch der Dümmste klar ersieht,
hier steht kein Text der klüger macht,
der höchstens vertane Zeit gebracht,

dann steht dem Autor, der dies ersann,
nur noch ein Urteil zu, ja dann,
wer labert ist kein kluger Mann,
kein Dichter, auch wenn er dichten kann.

FRAU LANGE

Im tiefen Gras, im Schatten der Akazie
liegt hingestreckt und ohne Grazie,
recht aufgedunsen und ohne Power,
es ist offensichtlich, sie liegt nicht auf Lauer,
die Python Frau Lange,
eine übermäßig lange Schlange.

Zuvor noch heut Früh vorm Grauen,
da konnte man sie woanders schauen,
da lag sie hoch droben im Geäst,
dort hatte sie gemacht ihr nächtliches Nest.

Geschmeidig noch ist sie auf den Baum gekrochen,
züngelnd hier und da gerochen
und mit allerletzter Kraft
hat sie es in die Krone geschafft,
hat sich an den Stamm geschmiegt,
sich zischelnd in den Schlaf gewiegt.

Doch die Akazie reich an Tagen,
manchmal wollen ihr die Kräfte versagen,
manch Trockenzeit war doch arg lang,
ohne Regen und die pralle Sonne erzwang,
dem einen oder anderen Ast kein Wasser mehr zu geben,
wollte sie doch als Ganzes noch länger leben.

Dummerweise, welch Missgeschick,
hatte Frau Lange nicht im Blick,
dass sie einen Ast als Nest auswählte,
schön dick, der als Lager bestimmt nicht quälte,
der leider aber aufgrund der Akazien Not
über die Hälfte war schon tot.

Einen Meter vom Stamm entfernt
war der Ast bereits entkernt,
eine Zeit lang wollte er noch halten,
der langen Schlange in dieser kalten
Abendluft die Stunden versüßen,
wollte sie doch dort oben den Morgen begrüßen.

Doch Frau Lange,
die extra, extra lange Schlange,
aufgebläht, vollgefressen für viele Tage
erkannte nicht ihre prekäre Lage,
zu viel Gewicht ragte über des Astes Rand,
der Ast hielt der Schwere der Schlange nicht lange stand.

Vier Meter Länge nennt Frau Lange ihr Eigen,
da mag sich manch Ast ´gen Boden neigen.
Drei Meter waren nun ohne Stütze,
sie merkte sehr bald, das Nest geht in die Grütze.
Mit ihrer Mahlzeit im Gedärm
stürzte Frau Lange ab mit viel Lärm.
Bewahrt hätte sie vor dem Sturz
eine andere Länge, und die wäre kurz!

DIE BRECHBALLADE

Zwei Kinder, ein Junge und ein Mädchen,
hier in der Straße im friedlichen Städtchen,
bisher ganz brav und unauffällig,
für jedermann auch ganz gesellig,
gar nicht bekannt für irgendwelchen Unfug.
Nun begeben sie sich auf Beutezug.

Der Inhaber des Ladens, gleich an der Ecke,
in jungen Jahren war er ein Recke,
doch nun ist er ein vergesslicher Mann,
die Tür zu seinem Kiosk lehnt er nur an,
des Mittags wenn es zur Pause geht,
in den benachbarten Imbiss, wo er dort steht
am Tresen und plaudert mit dem Koch,
so geht es Tag für Tag, Woche für Woch´.

Die Pause kann auch länger dauern,
in seinem Stand könnte er versauern.
Gerade nach Mittag kauft niemand ein,
da lässt er Fünfe auch mal gerade sein.
Eine halbe Stunde ist so schnell vorbei,
manchmal werden es dann auch schon zwei.

Dass die Tür des Mittags offen steht
hatten die Früchtchen ausgespäht.
Das Regal mit den Süßigkeiten ist ihr Ziel,
davon wollen sie klauen, möglichst viel.

Das pfiffige Mädchen, das Kind ist vorbereitet,
bevor es die Tür zum Kiosk durchschreitet
hat die Diebin sich von der Mutter einen Beutel stibitzt,
den die Mutter für ihren Einkauf besitzt.

Was der Göre gefällt, süß, klebrig und bunt,
verschwindet geschwind in des Beutels Schlund.
Und raus ist das Ding durch des Ladens Tür,
rechtzeitiges Verschwinden, dafür hat es Gespür.

Das Bürschchen, eher von einfältiger Natur,
dagegen unvorbereitet, hat überhaupt keine Spur
an krimineller Phantasie, keine Vorstellungskraft,
wie ein Beutezug erfolgreich vollbracht.

Er stopft in die Hosentaschen was er findet.
Doch der Platz in ihnen zu schnell schwindet,
stellt der Schlingel nach Augenblicken schon fest,
doch was will er anstellen mit dem üppigen Rest?

Auch der Bengel will doch vieles mitgehen lassen,
aber er möchte nicht, dass sie ihn fassen.
Die Lösung des Problems muss ihm keiner sagen:
vieles verstaut er schnell in seinem Magen.

An Süßigkeiten findet der Bursche so viel!
Ach, für ihn ist das alles nur ein Spiel.
Bonbons, Lollis, Hamburger Speck,
ha, das alles muss jetzt ganz schnell weg.

Er schluckt, er verschlingt was er kriegen kann,
so viel Süßes, Fettes, Leckeres lächelt ihn an!
Er probiert von dem Kuchen, Kringel will er naschen,
Pralinen ganz hinten, er muss sie erhaschen.

Hier eine Dose, was wird er entdecken,
wonach wird er sich die Finger lecken?
Lebkuchen noch vom letzten Weihnachtfest,
aufgehoben über Monate der letzte Rest.

Viel zu viel stopft der Junge in sich hinein,
sogar Ostereier findet er mit Knickebein.
Er würgt sie hinunter so schnell er nur kann,
aus den Regalen schafft er alles Mögliche ran:
kandierte Früchte, Liebesperlen und Konfekt,
ach, wie gut das alles ihm doch schmeckt.

Weingummi, saure Drops, Lakritze,
die findet er besonders Spitze.
Von der Schokolade beißt er ab,
ein ordentliches Stück, bloß nicht zu knapp.
Denn für den Mut eines Diebstahls, findet er schon,
gebührt dem Schurken doch ein stattlicher Lohn.

Das Püppchen dagegen ist schon lange fort,
während der Junge Naschen hält für Sport.
Er plündert Kästchen für Kästchen und Schatullen,
die Mutter kann ihm gestohlen bleiben mit den Stullen.

Er beißt und vernichtet, ein Fuchs gleich im Hühnerstall,
wo er nur hinschaut im Kiosk, überall
entdeckt er was Süßes und will es schmecken,
an jeder Zuckerware muss der Knabe lecken.

Ach, das war zu viel. Der Bauch geschwollen und gebläht,
den sicheren Rückweg noch ausgespäht,
verschwindet der Einbrecher und schleppt sich nach Haus,
der Weg eine Tortur, ein schrecklicher Graus.

Er erreicht sein Zuhause mit Mühe und Not,
er wünscht sich: "Ach, wäre ich doch tot.
Ich kann die Schmerzen kaum mehr ertragen,
was soll ich denn jetzt der Mutter sagen?"

Die Mutter erbleicht, sieht sie ihren Sohn gekrümmt und grün
im Gesicht, laut jammernd und so gar nicht mehr kühn.
Wo ist der Sprössling, den sie sonst kannte,
ihn nur gesund und lebhaft nannte?

"Mutter, Mutter, es würgt mich, was habe ich nur angerichtet?
Ich glaube durch all meine Sünden werde ich nun hingerichtet."
Die Mutter bekümmert über den Jüngling und voll Sorgen.
"Mutter, oh Mutter, erlebe ich noch den nächsten Morgen?"

"Brich mein Kind, brich mein Kind, brich geschwind,
damit du wieder hinaus kannst, wo die anderen Kinder sind."
"Ich kann nicht, ich kann nicht, jetzt hält es sich fest,
das Spiel mit den Kindern, ach Mutter vergesst."
Der Wicht, er krümmt sich, beugt sich über das Porzellan.
"Oh Mutter, oh Mutter, was hab ich getan?"

Nun senkt sich sein Haupt, er kniet über dem Scherben
"Mutter, oh Mutter, ich glaube ich muss sterben."
Sie steht im jetzt bei, sie weiß nicht wie verrucht
ihr Söhnchen, bereits von der Polizei gesucht.

"Brich mein Kind, brich! So hole heraus, was dir Leiden bereitet",
spricht die Mutter verzweifelt und sie schreitet
in die Küche ganz hastig, Kamillentee zu kochen,
hat sie doch zu viel Süßes am Jungen gerochen.

"Bring hervor deines Bauches Schätze, habe nur Mut,
dann wird der Tag auch bald wieder gut."
Er röhrt, er würgt, er erbricht die Schande seiner Tat,
jetzt fühlt er sein Unrecht, die gerechte Buße naht.

Es drückt ihn und es zwackt.
Ihm dünkt er wird zerhackt!
In Stücke aufgeteilt, als Strafe für sein Verbrechen,
als Sühne muss er alles nun erbrechen
was Süßes in den Bauch rein passt.
Oh, wie er sich nun hasst!

Das Mädchen dagegen lächelt fein in ihrem Zimmer.
Vom Leid ihres Gesellen hat sie keinen Schimmer,
begutachtet alles was sie nennt nun ihr Eigen,
für heute will sie nur manches abzweigen.

Sie nascht bloß, Weniges wird probiert,
nichts des Diebesguts, wonach es ihr giert.
Die Gescheite knabbert ein bisschen, an vielem wird nur
                gerochen,
ihre Beute reicht noch für etliche Wochen.

Was ist die Lehre dieses Raubs für jeden?
Da muss ich gar nicht lange reden:
besser ist, sich manches zu versagen,
Maßlosigkeit ist selten zu ertragen,
ein übles Laster ist die Gier,
Bescheidenheit ist eine Zier.

Und die Moral von der Geschichte? Nun,
willst du einen Diebstahl tun,
mit Taschen am Tatort bist du als Räuber geehrt,
ein Beutezug ohne Beutel dagegen ist nichts wert.

DER WANDERER

Wanderer stehst du am Berg,
bevor steht dir der Aufstieg,
empfindest dich als winzigen Zwerg,
so fern ist noch der Sieg.

Dann wird es beschwerlich,
Schritt für Schritt kommst du voran
und der Berg wird dir begehrlich,
die ersten Meter sind getan.

Zurück wirfst du den Blick ins Tal,
die Welt wird klein und zart,
die Hänge werden jetzt auch kahl,
der Aufstieg ist noch immer hart.

Wanderer bist du ganz oben,
kannst du nur noch ´runter gucken,
alle werden dich nun loben
und du kannst hinunter spucken.

DIE MARSCH

Flächen fliehen vor den Augen,
flüstern bis zum Horizont,
Gräben greinend saugen,
gründlich Wasser aus dem Grund.

Wiesen, Weiden, endlos schier,
Wachstum ist dem Boden nah,
Busch und Baum sind selten hier,
Berge die ich niemals sah.

Regen rinnt oft über Stunden,
rasch ist dann der schnelle Schritt,
Tage bis er überwunden,
trübe Zeiten die ich erlitt.

Wind weht heute und auch morgen,
wischt den Boden glatt,
Sturm bereitet denen Sorgen,
stolz der hier ein Eigen hat.

Priele prahlen hier mit Macht,
Pricken weisen dir den Weg,
Wanderer oft unbedacht
warten vergeblich auf den Steg.

Graue Grenzen bestimmen den Rahmen,
Gezeiten geben den Rhythmus vor,
Zugvögel von weither kamen,
das Zetern der Gänse ein lärmender Chor.

KNUT

Dort hinten in der vorletzten Ecke
im Museum, so als ob es sich verstecke,
gleich vor den versteinerten Fossilen,
ein Exemplar der vergangenen Familien,
da steht verloren und nicht mehr zottelig der Knut,
ein ehemals stattliches und starkes Mammut.

Früher nannte er die Steppe sein eigen Territorium,
dort streifte er mit anderen auf der Suche nach Nahrung herum.
Seine Leibspeise waren Gräser und Kräuter,
denn trotz der Stoßzähne, Vegetarier war dieser Dickhäuter.
Nun steht er da, einsam, gefallen aus der Zeit,
ausgestorben vor Jahrtausenden, nicht mal mehr zu zweit.

Ihm gegenüber der Tiger mit den Säbelzähnen,
nun, der ist heute auch nur noch zum Gähnen.
Früher ging er auf Pirsch in der Wüste, der heißen,
jetzt können Museumsbesucher über ihn Witze reißen.
Durch sein Gerippe pfeift heute der Wind
und seine Augen sind nun blind.
Nicht mal Glasmurmeln hat man ihm gegeben,
wer möchte da noch weiterleben?

Wovon Knut wohl träumt hier im Scheinwerferlicht,
das ehemals so stattliche Schwergewicht?
Als geliebter Eisbär vielleicht, von allen verehrt,
ach, das wäre bestimmt nicht verkehrt.
Noch mit echtem Fell, man könnte meinen voll Leben.
Würde es ihm möglicherweise danach streben?
Doch nur ausgestopft und angegafft verdiente er sein Brot,
und letztlich - wäre er auch schon tot.

DER KABELJAU

Im Meer da schwimmt ein Kabeljau,
der ist jetzt auch 'ne arme Sau,
denn heute schwimmt da einer
und morgen ist es keiner.

SCHWACHSINN

Schwirrende Schwalben am Horizont.
Schwatzende Schwafler haben gekonnt
schweigende Schwäger zum Reden gebracht,
schwülstige Schwule freundlich angelacht,

schweinische Schweine zum Schlachten feingemacht,
schweren Schweden Schlanksein angedacht,
schwitzenden Schweißern die Stirn abgetupft,
schwärzlichen Schwänen weiße Federn abgezupft,

schwammige Schwangere als Schönste gekürt,
schwörende Schweizer zum Meineid verführt,
schwebende Schwofler zum Tanz aufgefordert,
schwelgenden Schwestern einen Prosecco geordert,

schweigende Schwimmer zum Plaudern überredet,
schwer Schwerverletzten den Rosenkranz gebetet,
schwachen Schwaben Tapferkeit beigebracht
und schwachsinnigen Schwachsinn sich ständig ausgedacht.

DER WALD

Ich habe ein Ziel, doch kann ich´s erreichen?
Denn sie lauern auf mich, die drohenden Eichen,
dahinter dicht an dicht Fichte an Fichte,
machen sie womöglich den Plan zunichte?

Nur ein paar Schritte noch, ich gehe voran,
der Wald, er blickt mich böse an.
So wie er da steht, dunkel und mächtig,
meine Schritte werden bedächtig,
vor mir nun der lichtlose Hain,
entschlossen, mit Mut trete ich hinein.
Er verschluckt mich, lässt er mich wieder hinaus?
Diese Grübelei, ein schrecklicher Graus.

Mein Gang, mehr zweifelnd als selbstbewusst,
doch rede ich mir ein: Du musst!
Ich habe es versprochen, mein Wort gegeben,
die Verabredung steht, ich muss nach vorne streben.

Unter dem grünen Blätterdach wird es beschwerlich,
Hasel, Holunder wuchern begehrlich,
versperren den Weg, du verlierst die Richtung,
du hoffst vergeblich auf eine Lichtung.

Der Rat: nasche nicht an Fliegenpilz, Goldregen, Eibe,
für immer wäre sonst dieser Ort deine Bleibe.
Er zeigt mir sein Wesen, abweisend und kalt,
doch mein Denken liegt jenseits vom düsteren Wald.

Gleich hinter mir schließen sich die Reihen,
werden sie mir den Eintritt verzeihen?
Ich schaue zurück über die Schulter nur
und spüre auf meiner Haut deren heiligen Schwur:
Wer hier hineingeht in das düstere Holz,
von allen Sinnen verlassen ist oder stolz.

Das Tageslicht schwindet obwohl keine Nacht.
Hab ich mein Handeln wohl weise bedacht?
Nur spärlich die Helle, meine Begleitung sind Schatten,
jetzt erkenne ich sie, entlarve die Schemen im matten
Schimmer des vergehenden Lichts.
Sind nicht nur Schatten, ist nicht nur Nichts.

Sehe ich nicht dort die lieblichen Feen,
wie sie grazil im Halbschatten steh´n.
Ihre süßen Weisen kann ich auch schon hören,
sie wollen mich schmeichelnd betören.
Oder sind es Sirenen, ihr Lied ein bösartiges Spiel,
der Gang in den Abgrund ihr unwiderrufliches Ziel?

Und dort im Dickicht, im undurchdringlichen Unterholz,
steht da nicht keck und ziemlich stolz
ein harmloser Kobold, Schabernack im Sinn sein Vergnügen?
Ein niedlicher Streich wird ihm genügen.
Oder ist es der Alb, der Albträume bringt,
mir Unheil und Grauen aufzwingt?

Ich haste davon, spüre seinen Hauch im Nacken,
der einzige Grund, sein Erscheinen soll mich packen,
wegreißen in des Waldes Tiefe,
damit ich in ihm für immer schliefe.
Doch ich treib mich voran, mein Sinnen hat Zweck,
hin zu dem Teich und von den Gespenstern schnell weg.

Kein Blick jetzt zurück, voran gilt meine Eile,
unter keinem spärlichen Sonnenstrahl ich verweile,
der sich den Weg durchs Kronendickicht sich erstritt,
weiter geht mein Weg durch den Wald, Schritt für Schritt.

Der Weißdorn kratzt mir die Arme wund,
von Ästen geprügelt wie ein Hund
betrete ich den beklemmenden Tannenhain,
Düsternis umgibt mich und kein
Ton will erklingen, kein Laut dringt an mein Ohr,
unheimliches Schweigen, stumme Dämonen singen im Chor.

Totenstille umhüllt mich, einem Leichentuch gleich,
Grabesstille der Mantel, wer wird dort nicht bleich?
Doch in der Ferne zwischen den Bäumen, sehe ich nicht Wasser
    glänzen?
Bestimmt sind es die Waldgeister nur mit ihren Kränzen?

Sie wollen mich locken, verführen, necken.
Sollt´ ich mich lieber vor ihnen verstecken?
Sie machen Versprechen, sie schmeicheln mir,
verheißen mir Gutes, entfachen die Gier.

Ich darf ihnen nicht folgen, sie spotten,
locken mich schließlich in elende Grotten.
Mit vergeblichem Verlangen werden sie mich binden,
dort werde ich leiden, den Rückweg nicht finden.

Ich haste voran, Schritt für Schritt,
es geht abwärts, kein sicherer Tritt.
Halb stürzend geht es den Abhang hinab,
hinter mir die Geister, ziehen mich ins Grab.
Kein Zweifel, der Wald wird lichter.
Und sehe ich dort hinten nicht auch Gesichter?

Ein paar Schritte nur noch, die Sonne, jetzt wird es strahlend,
wie sie sich im Wasser spiegelt, das Blätterdach durchbrechend,
    prahlend!
Dennoch zerren die Geister mich zurück in den Wald,
aber vor mir, die Freunde, mein Schatz, die reizende Gestalt!

Nun steh ich am Ufer, gerettet, den Badesee erreicht.
Doch mein Antlitz vom plötzlichen Gedanken erbleicht,
ich muss umkehren in den Wald, obwohl, ich bin nicht besessen,
ich habe doch nur meine Badehose vergessen.

KRAWILUBUMM

Krambulibumm	das klingt nicht dumm
Vertilidön	ist auch ganz schön
Aber wer will wissen	kazulihissen
was das bedeutet	perlukeutet
Gar nicht zu reden	von sterzugesen
und nicht vergessen	das Prulifessen
Ach könnt ich doch	pradadamoch
hier endlos sitzen	manuvifitzen
Antoliwötzen	und mich ergötzen
frowiliwinden	am Silben finden
Prosimalorde	kantisborkorde
derverdochede	lerkorschede
Menedifiste	kondidiste
kivendenten	meserenten
Laubirgaseste	kernivesteste
achzelerpesten	werneloresten
Doch Rielenanz	ist Firlefanz

DAS SCHWEIN

Das Schwein im Stall ist sehr verdrießlich.
Dabei ist es doch ganz genießlich
für uns Menschen, jedoch portioniert,
da es für uns sein Leben verliert.

DAS SCHNITZEL

Das Schnitzel ist ein plattes Teil,
ob dick oder dünn ist nicht egal.
Der Wiener es panieren muss, weil
ohne Panade schmeckt es ziemlich schal.

Der Deutsche, dagegen ziemlich derb,
mag's lieber dick, den fetten Happen.
Dazu ein Bier, im Norden auch sehr herb,
und will nicht viel dafür berappen.

Der Zigeuner, so was sagt man nicht,
Sinti und Roma heißen die Genossen,
beglückt uns auch mit 'nem Gericht,
mit viel Soße wird es übergossen.

MEINE GEDICHTE

Meine Gedichte sind wohl platt geklopft,
der Tiefsinn ist eher flach,
der Inhalt vielmehr nicht verkopft,
über Substanz denkt keiner nach.

Gehalt bemisst sich nur nach der Strophen Zahl,
Bedeutsamkeit erhalten sie durch Länge,
doch ich als Dichter habe keine Wahl,
getrieben von Lust und durch Zwänge.

Einen nach dem anderen Reim entdecken,
Wörter quälen bis sie passen,
Silbe und Wort nach Eignung checken,
in den Rahmen Gedicht einfassen.

Und trag sie gern vor mit eigenem Rhythmus,
dabei ist mir egal was andere denken,
auch wenn es daher kommt wie der größte Stuss,
ihr Urteil können sie mir schenken.

DICHTERS DRUCK

Letztens zu später Nacht
habe ich mir einen Tee gemacht
und ihn Schluck für Schluck getrunken,
danach bin ich ins Bett gesunken,
bin eingeschlafen, geratzt bis vier,
vielleicht geschnarcht auch wie ein Tier,
doch unruhig war der Schlaf, von Träumen behindert,
gewälzt von links nach rechts hat nichts gelindert,
bis plötzlich dies Gefühl mich quälte,
ich mich wieder aus dem Bett ´raus schälte,
den Gang zum Klo nun auf mich nahm,
bei mir doch dieser Druck aufkam
und dort ´ne ganze Weile blieb
und zwei drei vier fünf Verse schrieb.

GISELHER

Der Vogel namens Giselher
ist ein behänder Eichelhäher.

Rasch springt er von Ast zu Ast,
er ist in Eile, man spürt die Hast.

Vorräte anlegen, das ist sein Ziel,
Eicheln verstecken, möglichst viel.

Fuchsfarben, graublau sein Gefieder,
auch weiß und schwarz finden wir wieder.

Sein Anblick uns wohl sehr gefällt,
solang er seinen Schnabel hält.

ZWEI HASEN

Da waren einst zwei Hasen,
die wollten ganz gemütlich grasen.
Dann gaben sie sich der Muße hin,
die hatten nichts als Fressen im Sinn.

Da kam ein Jäger und hat sie erschossen,
das Fleisch mit Rotwein übergossen,
den Braten später sichtlich genossen.

DREI SCHLITZRÜSSLER

Drei Schlitzrüssler mit langen Nasen,
die wollten endlich auch mal grasen.
Nicht nur Würmer verschlingen
und mit Kerbtieren ringen.

Doch trotz vergeblicher Mühe,
denn offensichtlich, sie waren keine Kühe,
wurden sie vom Gras nicht satt,
wurden vom Grasen nur träge und matt.

Drum merke, wer unnütz Grünzeug frisst, muss darben.
Und letztlich, die Schlitzrüssler starben.

KINDERLIED

Hast du dir was weh getan,
oder ausgefallen ist ein Zahn?
Dann komm zu mir
und ich erzähle dir
fröhliche Sachen,
die dich glücklich machen.
Lächle mein Kind, lächle.

Hast du ihn gesehen den Spatz,
diesen niedlichen Fratz,
wie er auf das Vogelhäuschen fliegt,
in der Hoffnung, dass er Körner abkriegt
und kopfüber herunter lugt vom Dächle?
Lächle mein Kind, lächle.

Und die Enten vom Teich,
sie kommen angeflogen gleich,
ihr Landeanflug ist so schräg,
die Wasseroberfläche Wellen schlägt
und wie es nett plätschert das Bächle.
Lächle mein Kind, lächle.

Und ich wiege dich zur Nacht,
Ruhe hat immer Linderung gebracht.
Ich sing dir ein Lied für den Schlaf,
du siehst sicher nur ein Schaf.
Ich summe dich ins Nächtle.
Lächle mein Kind, lächle.

Was, meine Geschichten helfen dir nicht?
Nicht dieses schöne Gedicht?
Die Schmerzen werden schlimmer?
Und du jammerst ja noch immer?
Machst immer noch Krach?
Lach Kind, lach!

WÜSTE GEDANKEN

Gleich hinter der Küste,
als ob man's nicht wüsste,

da beginnt die Wüste,
dort wo Johannis büßte,

in den Dünen der Geliebte küsste
der Angebeteten die geliebten Brüste,

dem Schatzsucher es gelüste,
zu finden wertvolle Amethyste,

und ich wohl haben müsste
hinterm Stirnlappen eine Zyste.

LOTTE

Ungeliebt bist du, verachtet, verhasst, einsam bist du Lotte.
Bist ganz leise, machst keinen Lärm, man hört keinen
            Flügelschlag,
versteckst dich und deine Familie im Schrank, du kleine Motte,
aber auch ohne störende Geräusche, sei sicher, dass dich keiner
            mag.

Wir verabscheuen dich sobald du bei uns eingezogen bist
und wir die Resultate der Fresssucht deiner Kinder entdecken.
Wenn sich deine Nachkommenschaft durch unsere Kleider frisst,
wir können uns nicht vorstellen, dass sie euch schmecken.

Warum nur sucht ihr euch die besten Sachen aus?
Warum nicht die Hemden, die schon zu oft gewaschen und
        verschlissen?
Warum nur haltet ihr in den edlen Pullovern Schmaus?
Warum nicht im alten Zeug, das schon hier und da zerrissen?

Da ist Gespür, womit du dich ungeliebt als Raupe machen kannst.
Nimm doch die Lumpen, die mit dem speziellen Duft.
Stattdessen wird gefüllt der kleine Wanst
mit unserer guten Garderobe, unserer allerbesten Kluft.

Warum nicht die vergessenen Klamotten, Jahre nicht getragen ,
warum denn das Neueste, woran wir uns gerade erfreuten.
Ach, da nun will euch der Appetit plötzlich versagen,
als ob es euch Spaß macht, uns schmerzlich auszubeuten.

Du versteckst deine Kinder, glaubst sie seien vor uns versteckt.
Ungeliebt seid ihr, verachtet, verhasst, und einsam bist du Lotte.
Und am liebsten ist uns, ihr wärt alle ganz schnell verreckt.
Sei sicher, wir finden dich und deine Kinder, du kleine fiese
        Motte.

CAFÈ-VERGNÜGEN

Pure Lust ist das Genießen,
nichts kann uns heute mehr verdrießen,
wie wir im Café gemütlich sitzen,
genüsslich in der Sonne schwitzen,
im Baum die Elstern nervig keckern
und wir uns gleich mit Eis bekleckern.

BARISTA-WISSEN

Einen Espresso bitte, den hätte ich sehr gerne.
Die Maschine ist kaputt, Reparatur liegt in weiter Ferne.
Ach, ich werde auch ohne ihn gut leben,
dann nehme ich einen Cappuccino eben.

DER KÜMMERER

Wenn du einmal Kummer hast,
dann komm zu mir, gib ab die Last,
denn deine sind auch mein Sorgen
und ich kümmere mich - gleich Morgen.

VOODOO

Das der die. Wozu?
Was wer wie: Wodu!

ZWEI PERLHÜHNER

Zwei Perlhühner beschlossen, ihre Perlen zu verkaufen,
vom Erlös wollten sie sich dann kräftig besaufen.
Sie gingen zum Markt, um für ihre Perlen zu werben,
jedoch - das war ihr Verderben.

Sie fanden einen Interessenten, der sehr nett,
in seiner weißen Schürze auch äußerst adrett,
er lockte sie in die Küche, dort wollte er den Preis begleichen.
Und die Perlhühner, sie wähnten sich schon unter den Reichen.

Die Köpfe ab, das Tageslicht sahen sie nie wieder,
und schnell gerupft, schon lagen sie da ohne Gefieder.
Statt in der Kneipe sich einen hinter die Binde zu kippen
kommen sie nun dem Gast als Coq au Vin über die Lippen.

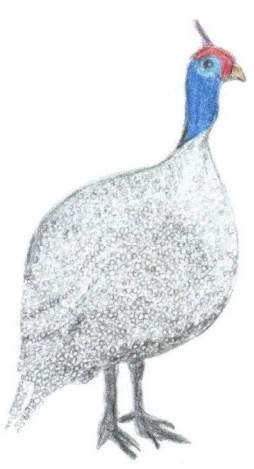

IN DER KALAHARI

In der Kalahari ist das Essen knapp,
wer zaghaft ist, der kriegt nichts ab.
Keine Gelegenheit wird ausgelassen,
schnell sein, um erfolgreich zuzufassen.

Eine Schar Hühner spielte mit ihren Perlen,
da wurden sie gestört von wilden Kerlen,
fünf Schabrackenschakale, die sie überfielen,
noch ganz junge, die wollten nur spielen.

Sie zupften hier und da am Federkleid,
den Hühnern tat es weh, den Schakalen leid.
Sie entschuldigten sich und zogen von dannen,
den Hühnern die Tränen herunter rannen.

So viel Mitgefühl und Entgegenkommen,
die Perlhühner, sie waren ganz benommen
und erzählten jedem anderen Tier,
ein pazifistisches Wesen gibt es jetzt hier.

Fressen und gefressen werden, von wegen!
Schabrackenschakale, das ist jetzt ein Segen.
Und ist diese Geschichte nicht heiter?
Wenn du es glaubst, träume weiter.

DIE ANDEREN PERLHÜHNER

Da waren auch noch andere Hühner,
Perlen hatten die auch, doch sie waren kühner,
sie boten die Perlen meistbietend bei Ebay an,
versteigerten sie an den bestzahlensten Mann.

Googelten die hippe Bar in ihrer Nachbarschaft,
freuten sich schon nicht nur auf Saft,
waren stolz auf ihren Google-Einfall
und verließen ganz in schwarz nun ihren Hühnerstall.

Doch eines hatten die Hühner übersehen,
tragisch einen Link zu übergehen,
für den der lange aushält auf der Piste,
die Bar führte nicht nur eine Getränkeliste.

Chicken and Wings stand dort geschrieben,
die Perlhühner hätten sich die Augen gerieben,
hätten sie doch bloß die Karte ganz gelesen,
niemals wären sie Gast in dieser Bar gewesen.

Doch die Lust auf Alkohol und Spaß,
Karaoke vielleicht, aber keinen Fraß,
ließ doch alle Vorsicht schnell vergessen,
die Aussicht auf Korn, sie waren geradezu besessen.

Fröhlich gackern und am Cocktail nippen,
mit ihren Schnäbeln die Oliven stippen,
mit dem Barmann Witze reißen
und herzhaft in die Zitrone beißen.

Der Kellner ganz schön ausgekocht,
die Hühner haben ihn sofort gemocht,
fragt: Wollt ihr mit mir nach hinten gehen
und sehen wie die Cocktails entstehen?

Sie folgten ihm ganz unbedacht,
die Folge war, na gute Nacht!
In der Küche hörte man es hacken,
Special of the Day: Hähnchenschenkel überbacken!

SO NICHT

Wenn dir zu brutal ist das Gedicht,
sei unbesorgt, so war es nicht.

Das Perlhuhn im Allgemeinen
mag einfältig hier erscheinen,
vielleicht hedonistisch von Natur
folgt es sicher nicht jeder Spur,
um schnelles Vergnügen zu erhalten,
Spaß und Freude zu entfalten.

Auf dem Markt, die Hühner die beiden,
den mit der Schürze mochten sie überhaupt nicht leiden,
mit Flügelschlagen und Gekrähe
verjagten sie ihn aus ihrer Nähe.

Bald darauf sich ein netter Türke fand,
auf dem Markt aufkaufte etlichen Tand.
Er zahlte für die Perlen einen guten Preis,
die Hühner wussten: Die Nacht wird heiß!

Sehr bald, als sie anderen Hühnern begegneten,
die die Vorteile des Internets segneten,
zogen sie gemeinsam weiter.
Oh diese Nacht wird bestimmt heiter.

In der Bar bald angekommen,
vom ersten Drink auch schnell benommen,
verloren sie schnell jede Scheu,
Gegackere war ihnen nicht neu.

Nach dem dritten Drink mit Gin
kam ihnen Karaoke in den Sinn.
Ray Charles "Shake your Tailfeather" war ihre Wahl
und ihr Tanz dazu war nicht banal.

Chicken Walks, Flirts und Kicks,
auf der Fläche, sie waren geile Chicks!
Zu "Funcky Chicken" von Rufus Thomas
tanzten sie im schwarzen Dress.

Bis in die Morgenstunden ging das Treiben,
hier wollten sie für immer bleiben,
wie sie fröhlich an der Theke scherzten,
schließlich zum Abschied den Kellner herzten.

Oh waren die Perlhühner zum Schluss besoffen,
der Barmann noch rief: Auch morgen ist offen!
Dann wankten sie dem Stall entgegen,
dumme einfältige Hühner - von wegen!

In der Bar am Tresen sieht man sie all abendlich,
dem Kellner gegenüber stets generös erkenntlich.
Man hört ihren Gesang, schön oder Geschrei,
den Perlhühnern ist es Einerlei.

Jetzt haben sie jede Nacht ihren Spaß,
wer Hunger hat kriegt anderen Fraß.
Nur die Perlhühner in der Kalahari?
Tja, da weiß man nie...

Dieses Gedicht entstand nach Intervention meiner Frau Gabi. Das Gedicht DIE ANDEREN HÜHNER war ihr zu gemein.

BRUTAL

Da liegt sie,
das böse Vieh,
die tote Mücke!
Sie fand die Lücke
zwischen Hose und Socken,
nackte Haut wollte locken.
Doch ich war schneller
und mein flacher Handteller,
von Natur aus brutal,
traf sie frontal!
Nun macht die Mücke,
zu meinem Glücke,
keinen Mucks mehr.
Fatal war ihr Begehr.

DAMEN SCHONEN

Wer würde es nicht tun?

Die Damen, höfisch und galant,
die Dame ist ein zartes Kind,
darum Damen auch zu schonen sind.

Die Damen, vornehm und sehr elegant,
die Dame ist kein Schmuddelkind,
ihre Bilder hängen selten nur im Spind.

Die Damen, stilvoll und frappant,
heißen sie auch Gerwine oder Gerlind,
die Damen doch zu schonen sind.

Die Damen, nonchalant und auch entspannt,
für Mode ganz bestimmt nicht blind,
deshalb sie auch zu schonen sind.

Ach was würde ich alles für sie tun.

IM NORDEN

Im Norden haben wir die Frische,
die klare Luft und Wind,
und siehst du dort auch ein paar Tische,
dort sind noch Plätze frei, geschwind.

Es ist dir ein besonderes Vergnügen,
wenn es Sommer ist und du machst eine Rast,
du genießt sie sogleich in vollen Zügen,
wenn du dabei einen schönen Ausblick hast.

Das Lokal ist sauber und adrett,
die Speisekarte verspricht vorzügliche Gerichte,
der Kellner zugewandt und nett,
das wird hier eine gute Geschichte.

Du bestellst Vorspeise, Hauptgang, Nachtisch,
ein Aperitif zu deinem Entzücken,
was freust du dich auf frischen Fisch,
das gute Mahl wird dich beglücken.

Doch der Kellner zaghaft in den Himmel schaut,
fragt, wolle man nicht lieber in der Stube sitzen?
Wie sich Wolke um Wolke mächtig aufbaut,
befürchtet er doch, bald könne es blitzen.

Doch als Norddeutscher, an der Küste geboren,
der Kellner wird vergeblich locken,
was hast du in der Gaststube verloren,
du bleibst lieber draußen, es ist doch trocken.

Man serviert dir das Essen, der Wind nimmt zu.
Doch Sturm ist erst wenn der Salat wegfliegt,
wenn Böen nicht mehr kommen zur Ruh´,
und der Herr nebenan deine Portion abkriegt.

ICH PFLÜCKTE EINE BLUME

Ich pflückte eine Blume
und hoffte, ich beglücke meine Muhme.
Ich brachte sie als Geschenk
und dachte ihrer eingedenk,
der fortgeschrittenen Jahre,
dass sie lange warten möge auf die Bahre.

Und dann ihr vergessener Geburtstag,
das war ihr ein sehr böser Schlag,
diesen Termin, den ich verschlampte,
ich befürchtete, dass sie mich verdammte
und mich jetzt nicht mehr kennt,
im Testament mich nicht benennt.

So säuselte ich: Du allerliebste Mutter meiner Base
arrangiere diese Blume in deiner allerschönsten Vase,
an jedem Tag bin ich dir hold,
in meinen Gedanken bist du mir immer Gold.
Und wie apart dein entzückendes Kleid,
der verpasste Geburtstag tut mir von Herzen leid.

Sie antwortete nur: Geschwisterkind,
es noch viele andere sind,
die Schlange stehen und darauf warten,
dass Totengräber schwingen den Spaten.
Das ist eine so große Gruppe,
ich aber spucke allen in die Suppe.

Und dann deine Sprache, willst du mich hofieren,
mit alten Vokabeln zum Guten schmieren?
Mein lieber Neffe, glaubst du, dass ich das Geschwafel fresse?
Mit dem Gelaber aber bist du an der falschen Adresse.
Und nächstes Jahr lass die Blume im Garten,
auf mein Erbe kannst du lange warten.

FRIVOLER FREVEL

"San mer dan
im Ramadan?"
fragt der herzhaft in die Weißwurst beißende Konvertit
aus Oberbayern, als er die strafenden Blicke des Muftis sieht.

DAS KÄNGURU

Im Outback in Australiens Eintönigkeit,
wo kein Kaufmann weit und breit,
gewöhnte sich ein Känguru, ganz klein und zart,
das noch in Mutters Beutel bewahrt,
aus Weitsicht nun das Sammeln an,
was man vielleicht noch brauchen kann.
Es ergriff alles was es konnte fassen,
was Wanderer hatten liegenlassen.

Mit Leichtem fing das Sammeln an,
verlorene Socken von einem Mann,
schnell hat sich das Kleine herausgestreckt,
und die Socken im Beutel versteckt.

Eine Bürste und ein reizvolles Necessaire,
das gefiel dem kleinen Känguru wohl sehr,
will es sich mal hübsch machen
braucht es durchaus solche Sachen.

Die fünfziger Sonnencreme, eine geöffnete Flasche Bier,
in Mutters Beutel kam jetzt auch Geschmier.
Aber die Tube Zinksalbe, die war Klasse,
die Tube Alleskleber dagegen wurde nur harte Masse.

Eine Frisbee-Scheibe fand es ganz nett,
mit dem gelben Sonnenhut sich auch adrett,
das Schweißband war noch etwas nass,
die Unterhosen fand es besonders krass.

Die Thermosflasche war schon schwerer,
doch sie war noch bedeutend leerer,
als die Flasche mit Propangas,
die ein Tourist auf dem Zeltplatz vergaß.

Buntes Nähgarn fand es, nur noch Gewirr,
aber ein komplettes Kochgeschirr,
ein verrostetes Taschenmesser,
doch den Spirituskocher fand es viel besser.

Was ließen Urlauber nicht alles liegen,
dem Känguru war es egal was die Sachen wiegen.
Campingstuhl, ein ganzes Zelt,
Hauptsache der Beutel hält.

Ein Seitenspiegel, ein kaputter Autoreifen,
was soll's, lass die Mutter keifen.
Warum nicht auch ein wenig Autozubehör,
die Mutter fand beim Kind gar kein Gehör.

Zu viel war das glänzende Besteck,
Messer, Gabel, Löffel griff es keck
und weg war es im Beutels Schlund.
Nun machte es die Beutelwand wund.

Schließlich wurde es der Mutter zu bunt
und sie tat dem Kind nun kund:
"Ich habe es satt!
Das Herumtragen macht mich ganz matt.

Was sammelst du denn da zuhauf?
Ich sage dir, du räumst jetzt auf!
Der Beutel ist doch auch mein Haus,
wenn's dir nicht passt, ich schmeiß dich raus!"

Es überlegte sich das Känguru-Kind,
was denn seine Chancen sind,
wenn es den Schutz der Mutter entbehrt,
wird vielleicht Komfort verwehrt?

Es trennte sich von Mamas Schoß,
unter einer Bedingung bloß:
nichts bleibt im Beutel alles muss mit,
die Mutter ist froh, bloß weg mit dem Shit.

Wenn als Camper in Australien es dich quält,
dass dir was Wichtiges doch fehlt,
mach mal ´nen Stopp,
am Känguru-Shop.

TOLERANZ

Um ein Mann zu sein, musst du deinen Mann stehen.
Um eine Frau zu sein, musst du wie eine Frau gehen.

Wenn ein Mann grazil wie eine Frau geht
und eine Frau breitbeinig wie ein Mann steht,
dann schiebt man sie gern an die Gesellschaftsränder,
oder bezeichnet es tolerant als Gender.

DIE DA DORT

Sind wir wer sind wir was,
sind wir die da, die da die?
Der Gedanke ist zu krass,
wir glauben niemals niemals nie!

Wer sonst wenn nicht wir,
wir würden immer mutig sein.
Denen dort schmückt nicht die Zier,
die da dort ziehen ihre Köpfe ein.

Wer denn sonst wenn nicht wir,
doch nicht etwa die, die da dort,
wir würden kämpfen wie ein Stier,
die da dort laufen doch vor allem fort.

Nun mal ehrlich, wer denn sonst wenn nicht wir,
ach was die da, die da dort,
wir bekämpfen jede Gier,
die da, die da dort haben alles nur erschnorrt.

Wem außer uns ist es wichtig,
wir bewahren uns die Werte,
denen dort ist alles nichtig,
wichtig, dass sich nur das Geld vermehrte.

Wer außer uns legt Wert darauf,
wir besitzen Ethik und Moral.
Die da dort nehmen alles doch in Kauf,
denen dort ist alles nur egal.

Wer denn sonst wenn nicht wir,
wir halten ein die Normen und die Regeln.
Für die da, die da dort ist Sünde eine Zier,
unter falscher Flagge sieht man sie meist segeln.

Die da, die da dort leben doch in Saus und Braus
und die Hybris ist ihnen gar nicht fern.
Und wer sind wir, was zeichnet uns aus?
Bescheidenheit ist unser Wesenskern.

IN EIGENER SACHE
oder
DER SAXOPHONIST

Im Allgemeinen kann man es wagen,
es durchaus schon einmal sagen,
der gewöhnliche Saxophonist
ist in der Regel ein Protagonist
des Jazz mit Hang zu lauten Tönen,
der schrägen und nicht immer schönen
Harmonien und Tonkaskaden,
will in wilden Phrasen baden.

Doch, und das sei hier auch gesagt,
nicht erst wenn der Musiker betagt,
kann er auch leise und ganz zart,
die Töne gehaucht, nichts ist hart,
die Ohren der Hörer streicheln,
sich dem Publikum einschmeicheln,
er beherrscht Dur wie auch Moll,
darum finden ihn auch alle toll.

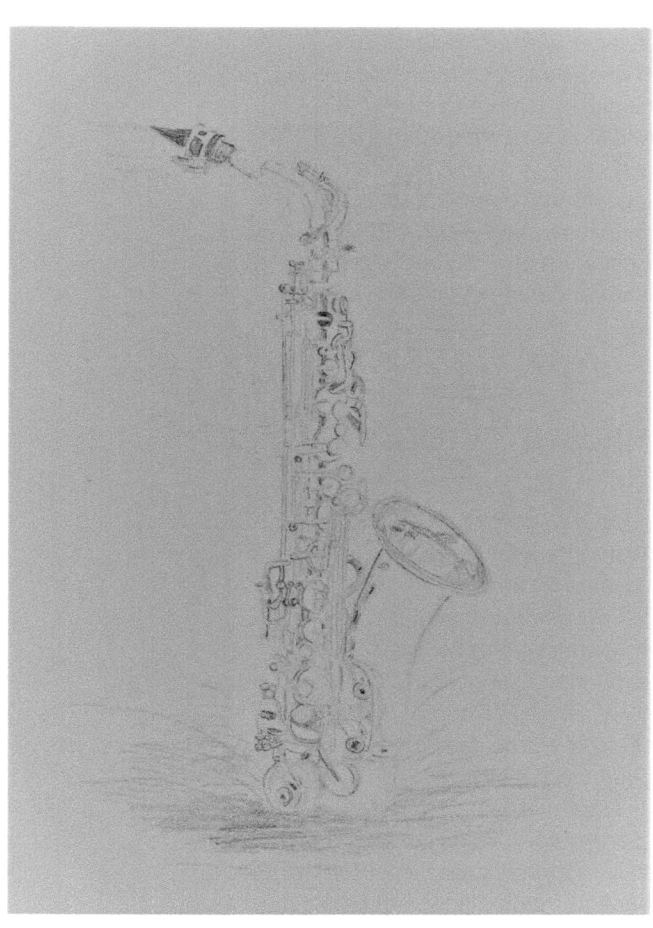

SCHLUMMERNDE LÖSUNG

Nach einer Viertelstunde Dösung
fand ich die vielversprechende Lösung.
Ohne dieses Schlummerchen
wäre ich noch so ein Dummerchen.

Aus jedem Verb kann ich ableiten
ein Substantiv und gleich verbreiten
und plappern ohne zu überlegen,
deshalb sind meine Verse so verwegen.

SCHAUSPIELERLEID

Oh, jetzt hab ich einen Hänger,
ich wünschte jetzt käme ein Sänger
mit seinem Gesinge,
bis ich es wieder bringe.
Ich muss mich konzentrieren,
muss meinen Text nur kurz repetieren.

Der Sänger würde das Publikum betören,
dagegen mich nicht weiter stören,
mich zu erinnern an den Mist.
Der Sänger wäre eine gute List.
Doch leider, das ist das Gegenteil von Glück,
woher kommt der Sänger im Einpersonenstück?

DIE ROTBAUCHUNKE
oder
FOLGEN DER RASTLOSIGKEIT

Eine Rotbauchunke hatte es satt,
sagte ihren Genossen: Ich mach'n Cut!
Immer nur hier draußen sitzen,
im Winter frieren, im Sommer schwitzen,
gelegentlich mal quakig tönen,
daran kann ich mich nicht gewöhnen.

Am angrenzenden Feld die stinkende Gülle,
nervige Fische in Hülle und Fülle,
immer nur am Weiher hocken,
solch ein Leben kann nicht locken.
In meinen Adern brodelt der Saft,
ich gehe jetzt auf Wanderschaft.

Sie zog dann los, doch kam nicht weit.
Die erste Kneipe schon war die Gelegenheit,
angelockt von einer Pfütze aus Bier
rief sie aus: Ich bleib jetzt hier!

Vom Trieb der Wanderschaft war sie genesen,
jetzt lebt sie gleich hinter dem Tresen,
wo die Gäste auch mal speien,
statt im satten Grünen und im Freien,
kleben geblieben ist die Rotbauchunke,
in einer siffigen übel riechenden Spelunke.

WENN DU WÜSSTEST

Wenn du wüsstest
wie du küsstest
in letzter Nacht
mich umgebracht
hast du mich
und ich dich
ach so herzlich
und so schmerzlich
so nett umgarnt
und fest umarmt
wir waren trunken
und haben gestunken
nicht nur von Liebe
auch unsere Triebe
besoffen auch
viel Bier im Bauch
und dazu Gin
nur Lust im Sinn
totales Vergnügen
in vollen Zügen
sinnlich leiblich
und auch noch fleischich
zuerst zum Griechen
dann wollten wir kriechen
zum Türken 'nen Döner
was wäre schöner
und drei Rakis gestürzt
Tequila mit Salz gewürzt
beim Mexikaner danach
ich erstmals erbrach
Tacos mit Salsa geknabbert
was haben wir gesabbert

und dann in der Bar gesessen
Salzstangen Erdnüsse gefressen
und Cocktails genossen
und waren erschossen
doch fleißig weitergemacht
nicht nur mit Saft
Flips geschlabbert
schon wieder gesabbert
Longdrinks vernichtet
Bierdeckel geschichtet
mit Saufen nicht aufgehört
Übelkeit hat nicht gestört
so schön ich dich fand
man hatten wir´n Brand
gesoffen wie ein Loch
fies aus dem Mund ich roch
und dann zu dir nach Haus
holla ei der Daus
die halbe Nacht noch durchgemacht
Feuerzangenbowle angefacht
an Erinnerung ich sehr erpicht
doch mehr weiß ich leider nicht
wenn ich bloß wüsste
wie ich dich küsste

TRINKEN FÜR ALPHABETEN

Ein Aperitif das wäre nicht schlecht,
Aperol Spritz ist nur gerecht.
Darauf was Frisches, nicht irgendwas,
Bier gekühlt, serviert im Glas.
Danach muss jetzt was anderes her,
Caipirinha schmeckt mir sehr.
Jetzt aber mal was Leichtes,
Daiquiri hat was Seichtes.
Farbe sollen meine Getränke haben,
Eierlikör! So will ich mich laben.
Und schon wieder was eiskalt,
Frozen Margaritha, da mach ich nicht halt.
Nun ein kurzer Schuss,
Grappa jetzt, das muss.
Auch was Süßes wäre nun gut,
Haselnusslikör! Nur Mut.
Und das erfüllt den gleichen Zweck,
Ingwerlikör hau ich auch weg.
Zuneigung für Bourbon ich empfinde,
Jim Beam kipp ich nun hinter die Binde.
Auch für den Magen will ich sorgen,
Kümmerling! Ich denk auch an Morgen.
Nach dem Bitteren was könnte ich trinken?
Lambrusco! Die Italiener winken.
Da bleibe ich doch gleich im selben Land,
Molinari auf Eis, das gibt keinen Brand.
Und schnell mal rüber nach Nebenan,
Noilly Prat, wer kann der kann.
Und wir bleiben noch im Süden,
Ouzo kann mich nicht ermüden.
Und zurück nach Frankreich,
Pernod mit Wasser und das gleich.

Warum nicht auch traditionell,
Quaich Whiskey und das ganz schnell.
Und wenn wir schon bei den Gebrannten sind,
Rum aus Jamaika, auch das geschwind.
Nun aber muss es prickeln,
Sekt darauf, nun muss ich gickeln.
Und ich höre nicht auf,
Tequila schmeckt bestimmt darauf.
Schließlich will ich mich belohnen,
Underberg wird die Verdauung schonen.
Ein Cocktail kurz vorm Schluss,
Vesper Martini welch ein Genuss.
Obendrein zudem was Klares,
Wodka hat doch auch was Wahres.
Als Digestif sodann ist nicht verkehrt
Xérès de la Frontera, Durcheinander mich nicht schert.
Doch noch bin ich nicht im Finale,
Yellow Bird in der Cocktailschale.
Ein weiteres Mixgetränk am Ende noch geht,
Zombie als Letztes. Oh wie sich's dreht!
Was kann ich doch alles schlucken,
jedoch, gleich muss ich spucken.

BLUTSBRÜDER

Ein jeder kennt den Winnetou,
doch die Rolle als Häuptling fiel ihm nicht zu,
denn er war erst als zweiter geboren,
ursprünglich also ein anderer erkoren.
Doch heute kennt weder Kind, Frau noch Mann
den großen Bruder Winnewann.

Als Kinder streiften sie durch die Prärie,
jagten auf ihren Ponys jedes Vieh.
Winnetou mit viel Geschick,
Winnewann eher etwas dick,
kam nie nah an die Beute ran,
man sah gleich, der wird kein Mann.

Sie wurden älter, sollten einstmals als Krieger sterben,
aber Winnewann vorher den Vater beerben.
Doch als Winnetou ein böses Bleichgesicht skalpierte,
sein Bruder Winnewann sich eher zierte,
die Apatschen in den Kampf auszogen,
schoss Winnewann auf Hasen mit Pfeil und Bogen.

Der Jüngere von ihnen wurde groß und mächtig,
der Winnewann eher klein, fast trächtig.
Dem zweitgeborenen Bruder Winnetou,
ihm flogen Begeisterung und die Herzen zu.
Beachtete noch jemand den anderen Mann,
den Erstgeborenen mit Namen Winnewann?

Die Feinde der Apatschen waren zahlreich,
Winnetou erledigte gleich mehrere auf einen Streich.
Winnewann war es dagegen lieber,
von ihm aus waren die anderen Sieger,
statt durchlöchert wie ein Sieb,
er lieber als Verlierer am Leben blieb.

Manchmal, wenn die Krieger ritten,
haben Winnetou und Winnewann sich gestritten.
Winnewann kehrte dann zu den Tipis zurück,
fand bei einer Squaw lieber sein Glück.
Kriegers Lebenszweck waren die Kriegsspiele,
Winnewann zeugte Nachkommen, bestimmt sehr viele.

Doch schließlich sprach der Winnetou:
Mein Bruder, beim großen Manitu,
das Erbe, das fällt eigentlich auf dich,
doch auf diese Reihenfolge scheiß ich!
Ich bin der Stärkere und erfolgreich,
mir gehört das Apatschenreich!

Und dann dein Name Winnewann,
der hört sich so bescheuert an.
Mein lieber Bruder Winnewann,
was fang ich bloß mit dir nur an?
Und bitte sei mir nicht bös,
du bist so wenig seriös.

Der Winnewann, er war kein Krieger,
kein Häuptling sein sogar viel lieber.
Er sagte seinem Bruder zu:
Der neue Häuptling das bist du!
Der Kriegspfad soll dein Weg nun sein,
ich kehre lieber irgendwo ein.

Er ritt dann ganz alleine fort,
ganz ohne Grimm und ohne Tort.
Sich schnell noch eine Squaw auslieh
und gründete eine neue Dynastie.
Gehört hat man von ihm nie wieder,
auch das ist ihm wohl sehr viel lieber.

Sitzt du in der Bar am Tresen,
hast einstmals auch Karl May gelesen.
Mit dir ein Gast von indigenem Geschlecht,
hat ganz kräftig einen gezecht,
vielleicht ist dieser dickliche Mann
ein Nachkomme des Apatschen Winnewann.

RATAT TAT TAT

Du rietst mir
ich trank Bier
ich riet
während ich ein Steak briet
du hast mir geraten
ich habe gerochen den Braten
du rätst mir
ich nicht dir
es rattert
Gedanke flattert
das rätst du nicht
Rat durchbricht
es rattert in mir
trink immer mehr Bier
der schöne Braten
ist nicht geraten
du wirst mir raten
lass nie einen Braten
und das ist dein Rat
in der Pfanne mit zu viel Grad
den ungeratenen Braten
das habe ich geraten
vom Pfannenboden zu schaben
wirst du mir morgen geraten haben

TATSACHEN DER VOLLENDETEN ZUKUNFT

Übermorgen ist das Morgen Gestern.
Deutschverächter mögen lästern:
Das brauchst du nicht, das ist gestelzt,
du für die gesprochene Sprache niemals behältst.

In der Schule schriebst du eine schlechte Klausur,
kanntest du nicht das Tempus Futur.
Doch, dass "Übermorgen ist das Morgen Gestern", sei
in Wahrheit sogar Futur 2.

Das hat man dir schon beigebracht,
hast über den Namen aber immer gelacht.
Wir wollen uns nicht nehmen lassen,
uns damit hier näher zu befassen.

Niemandem ist diese Zeitform lieber,
als dem gewöhnlichen "auf morgen" Aufschieber.
Sagen wird er nach einer strafenden Predigt:
Morgen habe ich alles erledigt!

Natürlich ist das nicht ganz richtig,
in der Linguistik auch sehr wichtig.
"Morgen werde ich alles erledigt haben."
Das sind der deutschen Sprache besondere Gaben.

Doch auch der warnende Pessimist
bestimmt niemals das Futur 2 vergisst,
denn drohendes Unglück ist nicht nur Schein,
wird morgen mit Sicherheit eingetreten sein.

Was der Schwarzseher sich nicht alles gönnte,
was in der Zukunft bestimmt passiert sein könnte,
sie stellen sich die schrecklichsten Folgen vor,
reagieren darauf mit fatalistischem Humor.

Die Optimisten dagegen fürchten sich nicht,
für sie nie eine schreckliche Zeit anbricht.
Die Angst zu stolpern, man bricht sich ein Bein,
so schlimm wird es schon nicht gekommen sein.

Ich will den Fleißigen hier nicht vergessen,
der schuftet als wäre er besessen.
Gleich wird er die Arbeit erledigt haben
und am Pausenbrot darf er sich laben.

Die Fortsetzung der Liste könnte endlos dauern,
morgen könnte ich noch darüber kauern
und übermorgen noch nicht beendet haben,
nach weiteren wichtigen Beispielen zu graben.
Wie bedeutend uns ist das Futur 2,
dieses Tempus ist keine Faselei.

Das Futur 2 beherbergt die Wünsche für die vergangene Zukunft,
für uns alle, nicht nur für die Philologen-Zunft,
die Aussicht auf die gute oder schlechte Möglichkeit,
aber auch die Verzweiflung über die zukünftige Vergangenheit.

Nur den Futuristen ist es egal,
dass hinter dem Futur steht diese Zahl.
Über jeden würden sie lästern,
wäre er angekommen im Gestern.
Die Futuristen machen sich keine Sorgen,
für sie gibt es im Grunde nur Morgen.

LEBENSWEISHEITEN

1
Vermeide wofür du das Talent nicht hast,
übe nicht für das du nicht geboren,
denn darin hast du nichts verpasst,
viel zu schnell ist der Spaß verloren.

2
Nicht alles ist besonders oder schick,
doch atemlos manch Augenblick,
genieße den Tag, genieße das Leben,
denn danach wollen wir alle streben.

3
Kaue ausgiebig und dauerhaft,
die Verdauung wird es dir lohnen,
damit der Magen es auch schafft,
insbesondere bei Bohnen.

4
Grausig ist der üble Fund,
Haare in dem Abflussrohr,
auch wenn du fit und sehr gesund,
dieses kommt nicht selten vor.

SCHÖNES EFFELL

Flundern sind nackt doch schön,
flach und gar nicht obszön.
Fladen sind meistens auch
flach und gern im Bauch.
Flom ist fettig und
flockig und selten gesund.

Flusen sind eher kaum
flauschig und unschön am Saum.
Fleece im Winter getragen,
flauschig kuschelt es an deinem Kragen.
Fleece im Winter zu oft genossen,
fleckig wird es und verschossen.

Floskeln, die du hast im Ohr,
flunkern dir nur etwas vor.
Fledermäuse, wie Vampire in Transsilvanien,
flattern im letzten Tageslicht um die Kastanien.
Flöhe findest du nicht sehr nett,
flehend, sie nicht findest in deinem Bett.

Flaschen ob voll oder leer,
fliegend eher nicht dein Begehr.
Flamen, jung und in Liebe entbrannt,
flanieren an der Schelde am Uferrand.
Flamen, in Liebe entbrannt, doch nicht erhört,
flennen sehr heftig, was den anderen nicht stört.

Flammen im Kamin wirken stimmungsvoll,
flackernd im Dachstuhl eher nicht so toll.
Fleischig kommen sie oft daher,
Flaschentomaten, bitte sehr.
Fleißig für sich der Dichter erheischt
Effell zu bemühen, bis der Leser kreischt.

DER DIETER

Wie einst Diogenes in seiner Tonne
entschloss sich Dieter mit voller Wonne:
Von nun an bewohne ich einen Schrank!
Wir nahmen an jetzt ist er krank.
Sein Kopf dicht unter der Kleiderstange,
nah an der Rückwand seine Wange,
zwischen Kleidung wollte er fortan sein Leben gestalten
und die positive Sicht auf die Welt erhalten.

Er meinte, nur hier im dunklen Spind
keine negativen Strahlen sind,
nur hier hätte er die Chance,
zu bewahren die Balance.
Er liebte diese schränkliche Ruhe,
unter ihm nur ein paar Schuhe.

Und die Regeln der Aufbewahrung,
für ihn eine Offenbarung.
Die geraden Knicke der Faltung
und die symmetrische Gestaltung,
jeder Stapel im Gleichmaß.
Wann war es das letzte Mal, dass er besaß
ein Leben, aufgeräumt und korrekt,
und er nur eingefügt als Objekt?

Dieter wähnte, nur hier im eckigen Kasten
würde ihn nichts mehr wie sonst belasten.
Nur hier hätte er die Chance,
zu erleben eine Renaissance,
unschuldig und wie neugeboren,
für nichts Wichtiges mehr erkoren.

Hier wollte Dieter sein Subjekt verlassen,
der Zustand als Individuum im Schrank nun verblassen.
Hier spürte er die Chakren, die Strahlen der Erde,
dass er Teil dieses hölzernen Schrankes nun werde.
Dieters feinstofflicher Körper, von den Wänden eingefangen,
nur sein Astralkörper sollte in die gefährliche Welt gelangen.

Tragisch, dass Dieter etwas Essentielles vergaß,
und dass er nie eine Aufbauanleitung las.
Der Einlegeboden in seiner Beschaffenheit
hat nur eine begrenzte Möglichkeit,
ihm anvertraute Dinge zu tragen.
Für maximale Belastung sollte man den Hersteller fragen.

Nur kurz im Schrank war sein Verbleib,
schnell fand Dieter wieder seinen physischen Leib
auf dem Boden der Tatsachen wieder,
mit dem gebrochenen Einlegeboden stürzte er hernieder.
Es brachen die Wangen, Türen und die Wände,
Dieters Leben im Schrank nahm ein abruptes Ende.
Nun spürte er seine Physis, von Schmerzen durchzogen,
Dieters Astralkörper hingegen war verflogen.

D´rum merke, wer Diogenes als Vorbild hat gewählt,
sich lieber authentisch in eine runde Tonne quält.

WESTWÄRTS

Winter, doch es treibt mich westwärts,
gleich morgens früh um sieben,
entschlossen fasse ich mir ein Herz,
die Liebsten sind zurückgeblieben.

Meine Habseligkeiten sicher verschnürt,
tränenreiche Blicke im Rücken
habe ich schmerzlich gespürt,
doch mein Vorhaben soll glücken.

Im Nacken der steife Ost Nord Ost,
gern wäre ich länger daheim geblieben,
denn die Frühe birgt Frische und Frost,
vom kräftigen Wind werde ich getrieben.

Im Westen ist der Tag noch fern,
doch es dämmert schon im Osten,
diese Stunde habe ich besonders gern,
die Ruhe der Nacht noch kann ich kosten.

Doch ich blicke voraus, mein Ziel ist nicht mehr weit.
Und vollbracht! Das ist der Angehörigen ihr Glück.
Mein Streben gelungen, angebrochen eine schöne Zeit,
ich komme mit frischen Brötchen vom Bäcker zurück.

DER GERD UND DIE UTE

Ganz hinten im Stall da steht der Gerd,
man kann nicht sagen ein stattliches Pferd.
Das Fell eher zottelig, ganz ohne Glanz,
ziemlich ausgefranst der kümmerliche Schwanz.
Schweif wird er bei Pferden genannt,
bei Gerd wird er weniger als solcher erkannt.

Und dann die Mähne,
eine kümmerliche Strähne.
Womit will er nur glänzen?
Beim Ausritt würde er lieber schwänzen.
Für die Körung wurde er übersehen,
keiner wollte mit ihm die Parade gehen.

Doch verliebt ist er, Amors Pfeil hat ihn getroffen.
Nicht trunken vor Liebe, er ist besoffen!
Und ihr Name, ach ihr Name ist Ute,
im Stall ist sie die bezauberndste Stute.

Dahinten dieser junge Schimmel,
ja der versprach ihr den Himmel.
Doch ähnelt er eher einem Schecken
mit den vielen schlammigen Flecken.

Kommt er zurück in den Stall
hat er sich besudelt überall,
weil er keine Pfütze verschmäht,
dabei arrogant die Nüstern bläht.
Eigentlich ist der immer scheckig,
man kann auch sagen immerzu dreckig.

Der Schimmel glaubte wild herum zu hüpfen ist genug,
dachte wohl er erobert Ute wie im Flug.
Zu begierig hatte er sich an sie herangemacht,
eine fette Niederlage hat es ihm nur beigebracht.

Dagegen der Gerd,
dieses abgewirtschaftete Pferd.
Gekrümmt der Rücken,
das Fell hat Lücken,
doch darauf legt er Wert,
er ist ein sauberes Pferd.

Gleich vorn im Stall der glänzende Rappe,
auch er erhielt derart eine Schlappe.
Posierte vor Ute gern im günstigsten Licht,
aber nur schön sein zieht bei Ute nicht.

Die Jahre sind nicht spurlos an Gerd vorbei gezogen,
jetzt jung zu tun das wäre gelogen.
Er weiß sehr genau, er ist ein alter Zossen,
wie schnell ist die Liebe da verflossen.

Denn neben ihm der Paul,
wie Gerd auch so ein alter Gaul,
hat der Ute Jung sein vorgegaukelt,
doch Ute fühlte sich nur verschaukelt.

Aber er begehrt doch die Ute,
Im Stall die allerbeste Stute,
wie sie so lieblich in der Box steht,
in der Dressur so grazil im Kreis geht.

Und wenn die Ute an seiner Box vorbeigeht
und Gerd wie ein stolzer Mustang steht,
träumt er, dass sie ihm einen Kuss gibt.
Oh wie er Ute dafür liebt!
Und - was muss das muss -
gibt er dem Schimmel einen Pferdekuss.

ÜBERFLÜSSIGE FRAGEN

Ist das Kunst?
Nein, das ist verhunzt!
Es sollte was werden,
das Schönste auf Erden,
als Meisterwerk geplant,
aber ich hatte es geahnt.

Hat es noch einen Wert?
Die Frage ist verkehrt!
Ich werde es verkaufen,
Sammler werden sich darum raufen,
sie werden es gar nicht merken,
denn der enorme Preis wird sie bestärken.

ACH BERÜHMT

Wer berühmt ist wird beachtet,
wird von allen oft betrachtet.
Doch wenn ihr jetzt dabei dachtet,
dass der Berühmte danach trachtet,
vielleicht sogar auch danach schmachtet,
zu schlicht ihr es euch machtet.
Denn häufig wird er nicht geachtet
und im Urteil schnell geschlachtet.

ÜBERHAUPT

In meinem Haupt läuft es über
und Einiges kommt herüber
über meine Lippen,
will aus meinem Mund raus kippen,
mir ganz flott enteilen,
ich will es mit jedem teilen.

Jedoch der Überlauf nimmt den Verlauf,
er nimmt den ganz bewusst in Kauf,
an jeder Nervenzelle vorbei zu führen,
bloß keine Synapse zu berühren.
So folgt dem Überlaufen aus dem Haupt,
Sätze jeden Sinns beraubt.

WO DIE LIEBE HINFÄLLT

Der eine möchte gar nicht missen
die Zuneigung zu schönen Frauen,
der Bauer dagegen ist ganz hingerissen
von seinen fetten Sauen.

Ein anderer freut sich wenn sie funkeln,
er ist vernarrt in Diamanten,
ich dagegen will nicht nur munkeln,
ich bin hingezogen zu Konsonanten.

Und ganz besonders ist mein Vergnügen,
wenn mehrere davon im Wort geeint,
aber nicht jedes Pärchen wird dem Begehr genügen,
Doppelkonsonanten sind hier nicht gemeint.

Denn lautlich sind es doch nur Nieten,
n n, m m, l l, das liegt mir fern,
ganz andere jedoch sind meine Favoriten,
f l, b r, w r, die habe ich gern.

Allerdings, die allerhöchste Lust
entfaltet sich bei drei und vier dergleichen,
schw und schl, schon schwillt meine Brust,
diese werden dem Dichter zum Ruhme gereichen.

Ach, ich bin schon hin- und hergerissen,
doch ich bin nicht im geringsten ignorant,
Konsonanten sind ein Leckerbissen,
doch meine Frau ist der allerschönste Diamant.

WINTER

Die Nacht hat die Welt weiß eingedeckt,
hat mich dabei nicht aufgeweckt,
Schnee hat lautlos seinen Weg genommen,
ist friedlich auf die Erde gekommen.

Die Flocken tanzten und sie schwebten,
gerade so als ob sie lebten,
und schließlich auf den Boden sanken,
jedes auf seinen Platz ohne zu zanken.

Darum habe ich den Winter gerne.
Wozu braucht der Himmel Sterne,
wenn Schnee jetzt unser Träumen lenkt
und der Welt nun Stille schenkt.

WINTER 2

Regen fällt, das steht fest.
Ein Häuflein Schnee, verharscht und gräulich,
in manch einer Ecke liegt noch ein Rest,
doch mit dem Morgen folgt getreulich,
das hat seit Jahren Tradition,
erst Tau und schließlich Regen.
Weiße Weihnacht? Wer hofft das schon?
Ein Kind! Oder man ist verwegen.

LICHTE GEDANKEN

Ich schreibe Gedichte,
mache sie wieder zunichte,
alles nur ausgedacht,
kein Gedanke zu Ende gebracht.
Stimmungen angerissen,
Logik weggeschmissen,
Ideen schnell angepackt
und dann doch wieder verkackt.
Zerknüllt, gelöscht und dann vergessen,
warum erinnern, ich hätte besessen
dies geistig Ausgebrochene,
aber nicht Bestochene,
Wort, Satz, Vers, Strophe,
ach, alles eine Katastrophe!
Gestümpert, gestottert, hingerotzt,
letztlich doch nur ausgekotzt,
halbgar, flüchtig, mangelhaft,
und das alles ohne Kraft.
Im Hirn herrscht bei mir Dunkelheit,
erzeugt beim Leser Übelkeit.

Doch, betrachtet nun bei Licht,
vielleicht doch ein solides Gedicht.

VERLANGEN

Der Raum ist erfüllt von dumpfen Tönen,
mein Magen signalisiert heftigst Unmut,
aus dem Bauch hört man es deutlich dröhnen,
denn Hunger tut ihm gar nicht gut.

BRACHEN

Brachen in meinem Kopf Gedanken entzwei,
hinterließen dort wilde Brachen,
sprachen die Brocken nun vielerlei
durcheinander in verschiedenen Sprachen.

DER SPATZ

Ein Singvogel ist der Spatz
und im Garten ein lieblicher Schatz.
Allerdings er wird es nicht wissen
und wir schöne Melodien vermissen.

Tschilpen heftig um die Wette,
selten sind es nur Duette,
eher ein übermütiger Chor,
Soli kommen niemals vor.

Doch das macht nichts, es ist egal
und wir haben auch keine Wahl.
Für das schlichte Tschilpen sind wir offen,
doch manchmal werden wir auf die Amsel hoffen.

STADTMENSCHEN

Kommt lasst uns Schweine schauen,
dicke Eber, fette Sauen!
Seht, da liegen sie kühl und zart,
gut portioniert im Supermarkt.

WUSSTEN SIE...

Wussten sie bereits,
dass Eigengeruch, ob übel oder lieblich,
ich denke das ist bekannt allerseits,
und für manchen auch betrüblich,
ob bei Frau oder Mann
operativ nicht verändert werden kann?

Tyrannosaurus Rex, man weiß es doch,
ist ausgestorben schon vor langer Zeit.
Er zweifellos verdammt gut roch,
sein Verschwinden jedoch erzeugt Heiterkeit,
wegen der Entzündungen hinter der Stirn,
denn die Nasennebenhöhlen waren größer als das Gehirn.

Am Südpol ist dem Pinguin,
dem Menschen zum Vergleich,
ein vierfach höherer Druck genuin.
So fliegt der Kot, ob hart oder weich,
für Nahestehende eine Gefährlichkeit,
bis zu vierzig Zentimeter weit.

Übrigens ein Zollstock geklappt mit zwanzig Zentimeter Länge,
nun aber schlagen wir über die Stränge,
wäre er sechs Meter und dreißig Zentimeter breit,
käme er ausgeklappt dreihundertfünfzig Meter weit.

KLASSENKAMPF oder
DAS RENITENTE HUHN

Ich habe Appetit auf Rührei mit Speck.
Im Vorratsschrank: das letzte Ei ist weg!
Ich eile hinaus und suche das Huhn,
es soll für mein Wohlergehen etwas tun.

Ich flehentlich: Huhn bitte lege ein Ei!
Huhn gönnerhaft: Ich lege gleich zwei,
aber bitte keine Eile,
das dauert eine Weile.

Jetzt langes Warten,
Spaziergang im Garten.
Zwei sind besser ist meine Grübelei,
zum Speck vielleicht gar drei?

Doch mein Eindruck ist, das Huhn tut nichts.
Ist dies schon das Ende des Speckgerichts?
Und siehe da im Nest kein Ei,
dem Huhn scheint dieses einerlei.

Ich enttäuscht: Huhn da liegt ja keins!
Huhn ärgerlich: Ich bin noch nicht fertig mit Nummer eins!
Entweder keins oder zwei,
und auch nicht eins oder drei.

Ich nörgelig: Aber ich wollte doch nur eins.
Huhn selbstbewusst: Du bekommst zwei oder keins.
Und wieder ist Geduld meine Übung,
die Stimmung allerdings erhielt eine Trübung.

Das Huhn versteckt sich im Stall.
Ich suche es überall.
Es kommt heraus, gackert arrogant,
dieses Verhalten ist eklatant.

Ich nun gereizt: Huhn wo sind die Eier?
Huhn erbost: Was soll das Geleier?
Ich bin jetzt Mitglied in der Gewerkschaft
und damit du das auch hier raffst,
die Arbeitsnormen sind jetzt neu,
worüber ich mich ziemlich freu.
Am Sonntag gibt es vielleicht eins
und in der Woche kriegst du keins!

Eier Eier, zu viele sind gar nicht gut!
Und der Leistungsgedanke macht mir Wut.
Hast du schon von Cholesterin gehört,
wie es deine Gesundheit stört?

In Zukunft ist Schönsein mein Lebenszweck.
Und du isst ohne Eier deinen Speck!

NÄCHTLICHE OLYMPIADE

Letzte Nacht habe ich meine Regatta gestartet.
Vielleicht ist sie ein wenig ausgeartet,
denn meine Regatta ist nicht leise,
sie ist ein Turnier ganz besonderer Weise.

Der Wettkampf findet statt nur zwischen zwei Rivalen.
Und wegen meiner Leistung mag ich nicht prahlen,
denn mein Gebaren ist ziemlich fürchterlich
und es ist ein Ringen gegen dich und mich.

Ich habe mein Gaumensegel gesetzt,
es ein wenig mit Spucke benetzt,
und dann habe ich losgelegt
und die ganze Nacht zersägt!

Geröchelt, liegend auf dem Rücken,
in kurzem Abstand mit wenigen Lücken.
Geschlafen haben wir, doch das schlecht,
für mich als Verursacher ist es nur gerecht.

Ich bin der nächtliche Randalierer.
Die Beteiligten sind alle Verlierer.

WECHSELBEZIEHUNGEN

Im Herbst halten Tragetaschen länger
als im Dunklen die Badehosen kurz sind.
Im speziellen Fall der Fußgänger
sind drei Schritte kürzer als ein Kind.

Sind die Badehosen dunkelblond,
im Sommer wenn die Schlangen lang sind,
hat der Junge den Sprung gekonnt,
abgetaucht und das geschwind.

Schlangen in der Frühlingssonne
halten wir für ausgedacht,
hingegen bereitet wenig Wonne
Dunkelheit auch in der Nacht.

Plastiktaschen, das ist ein Test,
ist der Einkauf erst vollbracht,
äußerst selten sind sie reißfest,
bestimmt haben sie Striemen gemacht.

Korrelationen sind nicht immer wahr,
obwohl im Leben abundant,
sind nicht immer wirklich brauchbar,
doch häufig äußerst amüsant.

MORGENGRAUEN

Morgens wenn ich in das Bad rein schleiche
spielt der Spiegel mir gleich böse Streiche.
Mein Blick nicht klar, vom Schlaf versonnen,
schon hat das trostlose Spiel begonnen.

Spieglein Spieglein Spiegel,
gib mir heute das Gütesiegel,
die Nacht war diesmal gut zu mir,
meine Haut fein zart und schier.

Ein Blinzler in den Spiegel, nur ein Test,
lieber hält die Keramik meinen Blick ganz fest.
Doch was sich unweigerlich anbahnt,
hatte ich es nicht längst erahnt?

Spiegel Spiegel hier im Haus,
warum suchst du diese Bilder aus?
Ich umsorge dich wie ein Kind,
ohne meine Pflege wärst du blind!

Zeigst du mir mein Ebenbild,
ist die Haut von mir so wild,
zerfurcht, zerkratert, wie zerkratzt?
Ach, hätte ich bloß weiter geratzt.

Spiegel Spiegel du im Bad,
ich habe dich so gründlich satt!
Im Zaume halt ich mich,
denn sonst zerschlag ich dich!

Ganz verschwollen meine Augen,
für den wachen Blick werden sie nicht taugen,
und die dunklen Ringe wie bebrillt,
gleich Calamari, zu lange gegrillt.

Spiegel Spiegel dummes Stück,
verhilfst mir nicht zu meinem Glück.
Jetzt dusche ich und ziemlich heiß,
vielleicht wird es besser, wer weiß?

Der Wasserdampf wirkt wie ein Schild,
verhüllt das Glas und macht mich mild.
Nur noch Schemen ich erkenne,
die Bilder belanglos gleich benenne.

Spiegel Spiegel nun kannst du nichts mehr sehen
und ich kann jetzt zufrieden gehen.
Der Glaube, dass die Dusche mich befreit,
beendet zwischen uns den morgendlichen Streit.

Was brauche ich mein jämmerliches Duplikat,
ist doch nur der schlechten Laune allerbeste Saat.
Schöne Bilder lass ich allein im Kopf entstehen,
und du wirst abgehängt, wer will dich noch sehen?

Spiegel Spiegel unnützer Gebrauchsgegenstand,
ich dich schon immer überflüssig fand.
Ich bin schön, du erkennst es nur nicht.
Und morgen im Bad mach ich eben kein Licht!

DER ENTSCHLUSS

Nachts wenn die Geister leben,
schwarzgraue Nebelschwaden schweben,
Laternen fahles Licht nur spenden,
will Phantasie nur Grauen senden.

Sind´s Gestalten oder nur die Schatten,
aus den Löchern gekrochen wie Ratten,
die in den Ecken bedrohlich harren,
oder doch nur Trugbilder, die mich narren.

Bin nicht mutig, mich verlässt der Stolz,
bin nicht gemacht aus hartem Holz,
verkrieche mich lieber, halte es aus
und rede mir ein "ich muss nicht raus".

Ich finde keinen Frieden,
hätte es lieber vermieden,
der Druck, der mich heimsucht,
wie habe ich ihn verflucht.

Dann der Entschluss, der das Grauen durchbricht:
Zur Toilette geh ich, im Dunklen oder mache ich Licht?

KLEBENDE BUCHSTABEN

Kennen sie es ebenfalls?
Da bleibt es stecken vorn im Hals,
an den Lippen oder Zunge,
dabei war ich doch so im Schwunge.

Meine Rede hat kaum begonnen,
schon ist die Zuversicht zerronnen,
die Gedanken im Kopf sind sortiert,
doch der Ausfluss der stagniert.

Diese Buchstaben die nicht wollen,
aber doch geschwind raus sollen,
die sich einfach eitel zieren,
als sollte ich nach ihnen gieren.

Das S C H will gern verweilen,
sich zwischen Gaumen und Zunge verkeilen,
wie es sch sch scho scho schonungslos verharrt,
hat mich zischelnd sch sch schön genarrt.

Ebenso das H will bleiben
und diesen bösen Streich betreiben.
Eben wähnte ich das H wäre ha ha harmlos,
schon formt es im Rachen h h heiser h h hechelnd einen Kloß.

Das sind die Buchstaben, die so kleben,
eisern auf der Stelle schweben,
nicht süß wie Bienenhonig kosten,
eher verwitternd auf der Zunge rosten.

Das L ist auch solch ärgerlicher Kandidat,
das am Gaumen klebt wie L l laminat.
Doch am L l lallen ich mich nicht sehr stör,
h h höchstens ganz ohne L l l likör.

Da ging das Sprechen gerade noch eben,
sch sch schon bleibe ich erneut an etwas kleben.
Das M will gar nicht von der L l lippenkante,
als ob es sich im M m m mund verrannte.

Gern gemeinsam mit dem A
formt es gleich ganz wunderbar:
Gib mir bitte die Mm mm ma ma Marmelade.
Schon ist sie da diese Blockade.

Das W das w w will so gerne w w warten,
im Mm mm mundraum als w w wär´s der sch sch schönste
          Garten,
und l l lässt sich gar nicht bitten,
auch darauf w w w wird zu l l lang geritten.

Perfekt indes beherrscht dies Spiel das M gemeinsam mit dem O,
deren Stück allerdings geht so:
ich mm mm mo mo moderiere diese Runde
und h h hoffe, sie dauert nicht l l lä lä länger als eine Stunde.

HENRIETTE UND DER HORST
Nikolausspezereien sind
nichts für Franzosen

Henriette und der Horst
haben herrliche Plätzchen gebacken,
hackten Haselnüsse und Pistazien,
hernach ließen sie sie in den Teig einsacken,
hatten Figuren geformt gleich Grazien,
hervorragende Deko später für ganz oben,
herbe Schokolade veredelte den Geschmack,
hurtig in den heißen Herd geschoben,
hinein hiermit in den Nikolaussack.

KALTES ERWACHEN

Mein friedlicher Schlaf wurde jäh durchbrochen,
war es das Rascheln welches ich hörte?
Irgendetwas war mir ins Bett gekrochen,
was meine nächtliche Ruhe erheblich störte.

Die Kälte unerbittlich unter meine Decke schlich,
ein Trugschluss, dass Daunen schützen,
die letzte wohlige Wärme langsam entwich,
mehr Decken würden auch nichts nützen.

Mein stummer Schrei durchbrach die Nacht,
spürte ich hier den Todeshauch?
Wurde ich nun umgebracht?
Ach, ihre kalten Füße auf meinem Bauch.

TRÄUME

Ich bin das Opfer meiner Halbschlafverse,
die Ideen fliegen frei, jedoch
wähnte ich, hier ist meine Gedankenreserve,
die Einfälle fallen sämtlich in ein Loch.

Der Körper, an die Matratze gebunden,
mein Fleisch ist übermächtig,
von Wortfetzen werde ich geschunden,
was übrig bleibt ist nicht mehr prächtig.

Des Nachts im Kopf, welch ein Geschnatter!
Stimmen waren mir ins Ohr gekrochen,
alles ein großes erleuchtendes Geratter,
jeder Geistesfunke im Aufwachen zerbrochen.

Dem Hirngeflüster und der Gedankenrauschen,
den Kopf und Geist aufs Kissen gebettet,
höre ich nicht auf zu lauschen,
vielleicht ist morgen ein wenig gerettet.

Doch nur Vergeblichkeit ist meine Einsicht,
das Wissen, die Geistesfunken waren genial,
und wenn die neue Nacht anbricht
hoffe ich aufs Träumen, alles andere ist egal.

MANN O MANN

Herr Hermann Mann war schwer verliebt
und wollte sie auch heiraten,
letztlich hatten sie es doch versiebt,
zu sehr waren sie aneinander geraten.

Frau Frauke Frau war seine Wahl,
auch sie war von ihm begeistert,
doch die Entscheidung wurde zur Qual,
der Familienname wurde nicht gemeistert.

Beide in der Tradition verhaftet,
der gemeinsame Name ist der Ehe Bindung,
diese Haltung hat die Verliebtheit nicht verkraftet,
erforderte sie von Beiden zu viel Überwindung.

Nach alter Sitte wäre es schon gegangen,
so viele Frauen heißen Mann,
doch im Patriarchat gefangen,
da traute Frauke sich nicht heran.

Sie meinte: So schön sei doch der Name Frau,
willst du, Hermann, nicht etwas wagen?
Vielleicht ist dir noch etwas flau,
doch du kannst gewiss ihn sehr gut tragen.

Doch der Gedanke, als Herr Hermann Frau
Briefe und Verträge zu unterschreiben,
geht allenfalls als bunter Pfau,
als seriöser Geschäftsmann muss das unterbleiben.

Als Kompromiss schlug er nun vor,
ein Doppelname würde gehen.
Denn Hermann war kein dummer Tor,
der Mann bei ihm bliebe bestehen.

Doch nun war Frauke konsterniert.
Frau Frauke Frau-Mann!
Sie war sogar extrem schockiert,
wie hörte sich denn das nun an?

Der Gegenvorschlag kam prompt zurück:
er solle doch den Doppelnamen tragen.
Er dachte nur, das dumme Stück,
wie konnte sie es wagen?

Ach weißt du was,
schrie Hermann Mann,
ich find das krass,
was ist denn schön daran?

Hinten Frau
und das als Mann,
du weißt genau,
das tu ich mir nicht an!

Ach du armer Mann,
erwiderte Frauke Frau,
was ist denn schlimm daran?
Ist das für dich der Gau?

Und ich als Frau
soll heißen Mann?
Da wirst du vorher grau,
das geht schon gar nicht an!

Herr Hermann Mann-Frau,
Frau Frauke Frau-Mann,
da wird es im Bauch flau,
alles hört sich so dumm an.

Und schließlich sagte Frau Frauke Frau
zum Verlobten Herrn Hermann Mann:
Das war´s mit uns, leb wohl und ciao!
Und Hermann Mann: Na dann!

ALLTAGSFREUDEN

Ein älterer Herr gegenüber im Haus,
zugänglich, freundlich und nett,
ging regelmäßig zum Spazieren hinaus,
bei uns Kindern hatte er ein Stein im Brett.

Man wechselte für ihn die Straßenseite
und ein Groschen sprang für jeden heraus,
wenn man ihm eine kleine Freude bereitete,
beim Krämer gab man ihn schnell wieder aus.

Dem Herrn entzückte wenn wir ihn grüßten,
die Mädchen mit einem Knicks,
ihm damit den langen Tag versüßten,
ein falscher Name machte ihm nix.

Nichts lag dem Mann ferner als Trotz
und die Kinder lächelnd gewähren ließ,
wenn sie höflich sagten "Guten Tag Herr Klotz",
obwohl er doch Herr Herklotz hieß.

Eine schöne Kindheitserinnerung.

BEGEHREN

Siehst du ihn dort?
Wie er dich anstarrt, lockt und buhlt,
dieser arglos tuende doch unheilvolle Ort
sich in Schmeichelei und Anbiederung suhlt.

Du hast dir geschworen,
doch es verlangt von dir zu viel.
Begehrliches hat er wieder ausgegoren,
Standhaftigkeit war doch dein Ziel.

Du willst doch nicht,
aber er lässt dir nicht die Wahl.
Du spürst wie er deinen Willen bricht
und du erleidest entsetzliche Höllenqual.

Schwöre, du lässt es nun sein,
zu oft schon er deine Beherrschung stahl.
Ach, jetzt gehe beim Konditor rein,
aber heute bestimmt zum letzten Mal!

SCHICHT

Schnell geht noch ein Gedicht,
dann ist aber Schicht!
Eines habe ich mir noch ausgedacht,
aber dann ist wirklich Schicht im Schacht!

Gute Nacht!

AUF DIE HÖRNER

Ich will hier euer Wissen mehren:
Warum heißt die Pirsch nur Pirsch?
Damit es sich reimt, kann ich euch erklären,
denn am liebsten erlegt der Jäger einen Hirsch.

NASEN

Die eigene Nase im Spiegel betrachtet
ist für viele doch so fern,
deshalb wird sie selten beachtet,
die Nasen der Anderen die haben wir gern.

Und wir können es nicht unterlassen,
weil es so bequem und einfach ist,
die Nasen der anderen anzufassen.
Sind wir naiv oder ist es eher eine List?

Denn vielleicht wären wir nicht so aufgeblasen,
seien wir doch einmal ehrlich,
wenn wir ergriffen unsere eigenen Nasen
und merkten, Selbstkritik ist beschwerlich.

Besser ist wir haben eine aufrichtige Sicht
auf eigene Unvollkommenheit und das Schlechte,
Selbstprüfung ist auch unsere Pflicht,
um nicht daher zu kommen als Selbstgerechte.

Die Einsicht hilft, doch ist es genug?
So oft bleibt es beim: man müsste mal!
Die innere Stimme vielleicht nur Trug,
die Konsequenz wäre uns eine Qual.

So werden wir doch nichts Neues wagen,
in unserer kleinen Welt gefangen,
Veränderung ist schwer zu ertragen,
und warum sollten nur wir zum Besseren gelangen?

NICHT WICHT

Ist es mir wichtig, wichtig zu sein,
dann bin ich nur ein Wicht.
Stattdessen nenne ich die Nichtigkeit mein.
So unwichtig bin ich dann nicht.

ZEITEN

Wenn Vergangenheit eine Wiederkehr hätte,
wäre meine Gegenwart eine andere,
lebte ich an gleicher Stätte,
oder ginge ich fort und wandere?

Wenn die Gegenwart mir noch einmal vergönnte,
wäre mein tägliches Erstaunen gestohlen?
Ach wenn ich könnte, könnte, könnte,
ist es besser sein Leben nicht zu wiederholen?

Wenn die Zukunft mir nun neu geplant,
wäre mir dann ein Heil beschieden?
Ach, ich hatte es geahnt,
Glück erlebt man nur hienieden.

TÄGLICHE GEFAHREN

Sicherlich kennen sie das auch,
wie sich Tischkanten einem entgegen werfen,
losgelöst vom eigentlichen Gebrauch,
man sollte doch die Gefahr entschärfen.

Oder Stuhlbeine dir eine Falle stellen,
Türzargen dir den Weg versperren,
dann möchtest du ganz laut bellen,
weil Schmerzen an deinen Nerven zerren.

Das Gefühl, die Schulter wird zertrümmert,
die Zehen gleich mehrmals gebrochen,
in Zukunft bestimmt nur noch verkümmert.
Ach, hätte ich den Braten bloß gerochen.

Das Haus ist so gemein zu mir,
die Möbel stehen an falscher Stelle,
stehen für mich niemals Spalier,
ändern ihren Platz blitzeschnelle.

Am besten ist, das Haus ist leer,
so kann mir nie mehr was passieren.
Gefahren lauern auf mich nicht mehr.
Dann stolpere ich und lande auf allen Vieren.

MEIN SCHWAGER

Ich hatte einen Schwager,
der war ein bisschen mager,
doch das tut nichts zur Sache,
so einiges hatte er in der Mache.

Der Schwager schwelgte von Finanzen,
könnte gute Deals zuschanzen,
wüsste wie die Börse geht
und wann sich jeder Kurs umdreht.

Der Schwager schwafelte vom Geld verdienen,
Geschäfte brummten ihm wie Bienen,
das Ergebnis klebrig und süß wie Zucker
und niemals mehr ein armer Schlucker.

Mein Schwager schwor, sicher seien seine Geschäfte,
jeden Einwand unbestreitbar er entkräfte,
er hat den Markt komplett durchschaut,
und keiner ihm einen Kontrakt versaut.

Der Schwager schwer ins Geschäft vertieft,
wo es von fetten Gewinnen, Dividenden trieft,
mit einem Bein schon auf dem Weg zum Millionär,
Zweifel, Skrupel kümmerten ihn nicht sehr.

Dieser Schwager schwang sich zu Höherem empor,
bei seiner Seele feierlich er schwor,
auch du bist bald ein reicher Mann,
vertrau mir nur dein Geld jetzt an.

Der schwielige Schwager nun ungeniert
auch nach dem Geld der Ehefrau giert,
das sie durch Fleiß und Entbehren erspart,
vor seinen Geschäften wurde sie nicht bewahrt.

Meine Schwester schwieg bis dahin nur,
doch nun tat auch sie für sich den Schwur:
Dein Geld kannst gerne du verprassen,
verspielst du meines, werde ich dich hassen.

Die Schwester schwang die Scheidungsurkunde,
geschlagen hatte dem Schwager die gerechte Stunde.
Ein Schneeball nach dem anderen schmolz,
die Polizei ermittelt, verflogen der Stolz.

Mein Schwager, elender Schwätzer, betrügerisches Schwein,
bald im Gefängnis auch mit dem zweiten Bein.

NA MAHLZEIT

Grete grübelte über ihre Grübchen,
Stine stotterte dagegen nur im Stübchen,
das Bübchen büffelte fleißig aus Büchern,
Tüne tümelte in wallenden Tüchern.

Wer Tüne ist das wissen wir nicht,
passt aber doch so gut ins Gedicht.
Und tümeln konnte Kohl perfekt,
der ist aber schon vor langem verreckt.

Der Sinn dieses Gedichts ist wohl versteckt,
die Euterpe hat den Dichter nicht geleckt.
Vielleicht wollte Dionysos mit gekelterten Trauben
in Ekstase dem Dichter die Sinne rauben.

Denn auch im Wahnsinn ist er der Meister,
beherrscht nicht nur die Kellergeister.
Oh Gott, oh Götter, am göttlichsten ist,
wenn der Zuhörer auch dieses Gedicht frisst!

PUBLIKUMSBESCHIMPFUNG oder SELBSTERKENNTNIS

So, ich werde jetzt starten
und auch gar nicht lange warten
auf die, die draußen Sekt noch schlürfen,
meinen, tiefsinnig Gedanken zu schürfen.
Auf die kann ich gern verzichten,
mit Blicken könnte ich sie vernichten.

Dies hier ist eine Lesung
und ich billige keinen Stunk,
weil ich mich mal verhaspel,
meine Verse runter raspel,
wie eine Gurke oder Möhre,
ich dulde nicht, dass man mich störe.
Nur weil der Leser was vergisst,
ihr meint das Gehörte sei nur Mist,
mal zu laut und mal zu leise,
Leute, ich mach´s auf meine Weise.
Könnt ihr es besser machen?
Also, lasst bloß blöde Sachen!

Weil die Hörer den Sinn vermissen
hat der Autor schon verschissen,
und sie fordern mehr Niveau,
Tiefgang, Anspruch oder so.
Lassen sich nicht länger verladen,
schon geht´s auf die Barrikaden.
Wollen jetzt Gescheites hören
oder werden heftigst stören.

Den Schreiber nicht mit Lob verwöhnen,
nicht nur gähnen oder stöhnen.
Werden ihn beschimpfen,
jedem Nachbarn Streit einimpfen!

Doch ich führe hier das Wort,
wem´s nicht gefällt der gehe fort.
Also haltet jetzt die Klappe
und zieht mir keine Flappe,
schluckt was ihr jetzt hört,
dass ihr mich bloß nicht stört
beim Vortrag, beim Rezitieren.
Da könnt ihr lange stieren
und meinetwegen Faxen machen.
Und ich werde über euch lachen,
wenn ihr euch später die Mäuler zerreißt,
weil alles nur um euer Ego kreist.

Aber erst einmal werde ich es wagen
und ihr, ihr müsst es ertragen.
Meine Verse um die Ohren gehauen,
ich werde euch den Abend versauen!
Strophe um Strophe und so fort
ist euch Strafe, ist euch Tort.
Wollt es nicht länger erleiden,
wolltet es vermeiden,
und wollt es mir auch sagen
und müsst es doch ertragen!
Wollt kreischen, brüllen mir ins Gesicht,
welch grässliches Gedicht
habe ich mir ausgeheckt,
jeden Sinn derart versteckt!
Das kapiert ihr alle nicht,
jeder Zuhörer ein armer Wicht.

Und das müsst ihr nun erdulden,
so wie eure Schulden,
mich als Genius zu erleben,
ich werde zu Höherem streben!

Und wie ihr so da hockt,
so dreist und doch verstockt,
habt kein Gefühl für Poesie,
Dichtung, Lyrik rafft ihr nie!
Und wenn ihr euch auch plagt,
das sei euch gesagt,
ich bin das Genie,
wie ich, so werdet ihr nie!
Kleingeister seid ihr,
nur besessen von Gier,
meint, ihr könnt es besser machen,
großes geistiges Feuer anfachen?
Glühwürmchen machen viel mehr Licht.
Asche seid ihr und mehr nicht!

Ihr kleinen Hirne,
dunkle Gestirne,
Miesepeter,
Leisetreter,
so gar nicht tolle,
verachtungsvolle,
dumme Gesellen,
die nur laut bellen.
Ihr Übelschwätzer,
blöde Ketzer,
ihr Besserwisser,
Bettbepisser!

Oh jetzt habe ich überzogen,
vielleicht auch mal gelogen.
Da galoppierten nur Gedanken,
überwanden alle Schranken,
brachen aus, aus dem Gefiert,
doch nur, weil hier der Reim regiert.
Das Wort ist doch so kolossal,
mir jede Vorsicht, Rücksicht stahl.

Oh, jetzt geht es schon wieder los.
Ah, was mach ich denn da bloß?
Ich kann es nicht mehr stoppen,
muss jeden Reim noch toppen,
und noch mal einen draufsetzen,
nur kurz die Lippen feucht benetzen,
mich nicht mehr an dem Vers beglücken,
es kommt nicht mehr aus freien Stücken,
denn dieses ist nur noch ein Drang,
ein kümmerlicher, dürftiger Zwang,
bin nur gehetzt, nur noch getrieben...

Oh, mein Publikum ist doch geblieben?
Vielleicht doch kein Dilettant?
Prompt habe ich mein Talent erkannt!

DESIREE

Dies ist die Geschichte von Desiree,
ein eigentlich sehr scheues Reh,
doch nicht bei uns im Garten,
auf Desiree mussten wir nicht warten.

Als Frühlingsboten hier erglühten,
Rosen prächtig bunt erblühten,
das war gestern, doch nicht von Dauer,
Desiree lag auf der Lauer.

Und am Morgen gleich im Grauen,
vom Fenster konnten wir es schauen,
Blüte für Blüte, Blatt für Blatt,
Desiree knabberte, wurde nicht satt.

Doch nett wie wir sind, äußerst lieb,
den Rosen blieb nur Stachel und Trieb,
ließen es gewähren, erfreuten uns am Bild
und hoffen, dass kein Jäger Desiree killt.

GEMEIN

Nun muss es schlürfen und wird kleckern,
das braune Fell ist schon versaut.
Darüber kann es gründlich meckern,
dem Schnabeltier hat man die Tasse geklaut.

So spät war es in Sellin.

AUFRÄUMEN

Heute bin ich gut drauf,
denn heute räum ich auf.
Angebrochenes mag ich nicht mehr,
heute trinke ich alle Flaschen leer.

Der Sherry 1992 fürs Kochen gekauft,
zweimal benutzt, nie aufgebraucht.
Als Aperitif gleich jetzt zum Start,
so kommt das Aufräumen in Fahrt.

In der ersten Reihe nur noch die Neige,
der Rest dieser zu süßen Bassgeige.
Der nette Abend mit deinen Schwestern.
Wann war das noch, vorvorgestern?

Weißt du noch der Urlaub in Polen,
unseren alten Golf hatte man doch nicht gestohlen.
Kann es sein, dass das Goldwasser aus Danzig
von vor elf Jahren schmeckt jetzt schon ranzig?

Und da aus dem Urlaub im vorletzten Jahr,
wie mundete er uns dort doch so wunderbar.
Haselnusslikör von der Blumeninsel
schmeckt jetzt wie abgeleckter Farbenpinsel.

Jetzt einen Klaren darauf, aber flott!
Am Gaumen war der doch nur Schrott.
Schmierig süß, heut ein Skandal
und ohne Schnaps wird das zur Qual.

Ein Obstler aus dem Alpenland,
damals gekauft ganz ohne Verstand.
Ich sah nur das bunte Etikett
mit all dem Obst darauf, das war so nett.

Na, der ist wirklich kein Gedicht,
aber so eklig ist er nicht.
Und es steht sich schlecht auf einem Bein,
ein zweiter, dritter darf es schon sein.

Oh, den hier hebe ich mir auf,
spanischer Brandy ein guter Kauf.
Als Digestif werde ich ihn verwenden
und damit das Aufräumen beenden.

Auf den freue ich mich schon lange,
vor dem habe ich keine Bange,
San Marzano vom Schwager aus Apulien mitgebracht,
vor drei Jahrzehnten uns freundlich zugedacht.

Dreißig Jahre im Schrank geschlummert,
nur so nutzlos rumgelungert,
Kräuter machen den Geschmack schön rund
und sind darin bestimmt gesund.

Schmeckt irgendwie wie Medizin.
Riecht auch ein wenig nach Benzin
und abzuknabbern war vielleicht töricht,
am Flaschenrand die feste Schicht.

Oh, kann ich dieses Etikett noch lesen?
Ist verwischt wie von ´nem Besen.
Und jetzt zieht auch noch Nebel auf,
erkenne nicht mehr diesen Kauf.

Ach, das ist doch der Pastis!
In Frankreich war das und so fies,
danach waren wir geradezu versessen.
Die Kopfschmerzen als Folge - unvergessen.

Iiiiih! Da steht der Bananenlikör
von Madeira und ich schwör,
wie eine überreife Banane braun,
Augen zu, schnell weggehau´n.

Ääääh, ich glaub der war nicht mehr gut.
War nur noch ein klebriger Sud.
Da muss der Obstler noch mal raus,
sonst ist das Aufräumen hier aus.

Darauf noch mal was Gebranntes,
Wodka hat jetzt schon was Pikantes.
Und brennt gar nicht hinten im Rachen,
ich mag ganz gerne solche Sachen.

Ich will jetzt saufen wie ein Eber,
auf das Leben, auf die Leber!
Die Arbeit im Haushalt ist ein Fest.
Oh, besser ist ich halt mich fest.

Ah, der Obstler ist noch nicht alle.
Jetzt aber bevor ich lalle,
ein letztes Mal ich nasche
an dieser hübschen Flasche.

Der Cointreau gekauft fürs Backen,
weg damit, Kopp in Nacken.
Acht Zentiliter waren das allenfalls
plus Zuckerrand am Flaschenhals.

Noilly Prat und Litschi-Wein
zieh ich gemischt mir jetzt mal rein!
Sliwowitz und Bommerlunder,
gut geschüttelt, das wirkt Wunder.

Alte Birne Williams Christ,
du jetzt mein Liebling bist.
Die war noch gar nicht aufgemacht,
wech damit, wär´ doch gelacht.

Höhö, da war doch dieser Brandy,
schmeckt sooo süß wie Candy.
Als Absacker hatte ich den stehen gelassen,
aber mehr Flaschen will ich heute nicht anfassen.

Den Grappa da aus Südtirol
mit Cidre morgen auf mein Wohl!
Und Pflaumenwein von dem Chinesen
mit Underberg kann man genesen!

Hä hä hä hä hi hi hicks,
meine Beine machen einen Knicks.
Kann mich gar nicht richtig bewegen,
glaub, ich muss mich gleich hinlegen.

Hier in der Küche vor dem Schrank,
ich fürchte ich werde jetzt krank.
Aber ich mach mir keine Sorgen,
letztes Aufräumen erledige ich morgen.

JA WENN

Wenn ich könnte was ich wollte,
würde ich wollen was ich kann?
Ist es das was ich auch sollte,
wäre ich ein anderer Mann?

Wenn ich sagte was ich dachte,
dachte ich was soll ich sagen?
Ob ich wohl auch darauf achte,
dass mir kommen keine Klagen?

Wenn ich hörte was ich sagte,
ist es das was ich gedacht,
der Gedanke, der so nagte,
mich zum Sprechen gleich gebracht?

Wenn die Stimmen, die ich hörte,
absolut nicht mir gehören,
was ist es denn, das mich so störte,
kommt es vielleicht von den Likören?

Wenn Liköre Stimmen erzeugen,
was macht dann das Bier, der Wein?
Sollte ich das Etikett beäugen,
laden dazu die Prozente ein?

Wenn der Schnaps gibt mir das Wissen,
den ich abends runter stürze,
Gedanken wären mein Ruhekissen,
geben dem Leben Gehalt und Würze?

Wenn ich trinken könnte so viel ich wollte,
was ich leider noch nicht kann,
ist es das was ich dann sollte,
und wäre ich ein anderer Mann?

Wenn ich dann betrunken wäre,
wonach würde ich nun streben,
bewegte mich selig in einer Sphäre,
in Licht und Klang würde ich schweben?

Und wenn ich dies und das so von mir gäbe,
das ist so geistreich ich erkenn,
das ist das Ziel wofür ich lebe,
wenn ich trinke, ja wenn!

CHORUS SINGULARIS

Ich reime mir ein Madrigal,
singe es wie eine Nachtigall,
erst laut und schließlich leise,
ganz schön auf meine Weise.

Mehrstimmigkeit ist kein Problem,
für mich niemals ein Aporem.
Die eine Stimme die ich hauch,
dazu knurrt heftig auch mein Bauch.

Die dritte Stimme steht auf Papier,
die vierte, fünfte denk ich mir,
die sechste schließlich nehme ich hin,
die fühle ich tief in mir drin.

So bin ich mir der beste Chor.
Und kommt dir das jetzt spanisch vor,
ein Flamenco, das ist lapidar,
gehört auch zu meinem Repertoire!

WINTER 3
in drei Akten

1. AKT

Es schneite eine ganze Nacht,
hat in den Norden den Winter gebracht,
das Blau am Morgen hat nicht getrogen,
eilig haben sich die Wolken verzogen.

2. AKT

Da hängt ein Zapfen lang und glänzend,
die Traufe unseres Hauses bekränzend,
und noch andere von dergleichen,
der Anblick mag mein Herz erweichen.
Tropf

Der Winter zeigt sich von der schönsten Seite,
der Himmel blau sich endlos weite,
wenn die Sonne sich im Eise bricht,
kein grauer Gedanke mich anficht.
Tropf tropf

Doch woher kommt das Eis,
das hier glitzert und so gleißt,
durch Sonnenwärme sich belebt,
beharrlich zu der Erde strebt?
Tropf tropf tropf

Und der Schnee kommt ins Flutschen,
auf vereisten Wegen wir nur rutschen,
Schneelawinen fallen vom Dach,
machen dabei höllisch Krach.
Tropf tropf tropf tropf

Und wenn die Sonne aufgewacht,
dann beweist sie, sie hat die Macht,
auf den Straßen liegt nur Matsch,
ach, was soll der ganze Quatsch?
Tropf tropf tropf tropf tropf

Das ist der Schmelz, der Schnee gekillt,
aus Eis und Harsch nun Wasser quillt,
und sich sammelt nass zu Pfützen.
Zu was sollen die nun nützen?
Quitsch quatsch quutsch

3. AKT

Und der letzte Schnee wird schwarz und grau,
meine Schuhe sehen aus wie Sau,
die Pfützen sich zum Meer ausweiten,
uns nur Last, Verdruss bereiten,
bringt nur Dreck, Unbill, Sudelei und Pein.
Das war der Winter in Schleswig-Holstein.

KEIN EINWANDERUNGSLAND

Da war der Russe Wladimir,
eingewandert aus dem Osten,
er war so gar nicht nett zu dir,
deinen Job sollte es kosten.

Gleich im Clan die Libanesen,
mit Kind und Kegel kamen sie rein,
haben ein eigenes Rechtswesen,
stimmt mit unserem nicht überein.

Und schon waren die Kurden hier,
von den Türken brutal verjagt,
können arbeiten wie ein Tier,
haben sich integriert und nicht verzagt.

Ein anderer kam aus Pakistan,
was er konnte: Autofahren.
Der hatte den genialen Plan,
lenkt das Taxi schon seit Jahren.

Und dann die Afghanen,
ausgemergelt jeder Mann,
lebten unter Planen,
nahmen jede Arbeit an.

Ach der Typ aus Syrien,
müde und mit Schlamm bedeckt,
bekannt durch alle Medien,
sich nach jedem Strohhalm reckt.

Seht wie unser Land sich wandelt,
lauter fremde Menschen hier,
wird jetzt Deutschland arg verschandelt,
gehört nicht weiter mir und dir?

Kann unser Land noch mal genesen
mit Emigranten, klagen wir
um die Ecke, beim Chinesen,
und ordern ein Tsingtao-Bier.

Wird Deutschland durch die denn schöner?
Fremdes wird uns niemals recht.
Komm, hol schnell einen Döner,
oder Pizza wäre auch nicht schlecht.

SCHUHSCHNABELIGE LYRIK

Siehst du wie die braune Brühe blasig blubbert,
wie sich der schreckhaft schrullige Schuhschnabel schubbert
und sich im pfützigen Pfuhl putzig putzt
und du über die sagenhaft saublöde Strophe stutzt?

Wäre es anders, wenn in der blasig blubbernden braunen Brühe
der schreckhaft schrullig schubbernde Schuhschnabel mit Mühe
sich im pfützigen Pfuhl putzig putzt?
Wärst du dann nur über diese verschoben verschrobenen Verse
        verdutzt?

Ach lass doch die Brühe braun blasig blubbern,
den Schuhschnabel schreckhaft schrullig schubbern
und sich im pfützigen Pfuhl putzig putzen
und frag nicht nach des genial gediegen gebauten Gedichtes
        Nutzen!

VERDREHT

1
Die Rose, erblüht die Königin der Blumen,
also widme ich dir dieses Rosengedicht.
Abspeisen werd ich dich nie mit Krumen,
darum bereite ich dir ein Dosengericht.

2
Oben im Baum, die Äste und Zweige kunstvoll verbaut,
erblickst du dort in der dichten Krone das Rabennest?
Und unten, das am Stamm gelehnte Fahrrad total versaut,
der stümperhaften Reparatur geschuldeter Nabenrest?

ZWERGENREICH

Im Reich der Berge
leben die Zwerge.
Ich weiß auch warum?
Es reimt sich. Darum!

FRÜHLING IM PARK

Schmeckst du diese Brise?
Den Duft der satten Wiese,
an den Zweigen das junge Grün,
Löwenzahn will gelb erblüh'n.

Im Park wolltest du spazieren,
genussvoll am See flanieren,
Frühling atmen, die Natur im Saft
erhellt dein Leben, spendet Kraft.

Vertreibt Winters Kälte und das Grau,
Wind streichelt wieder wohlig lau,
du genießt die wärmende Sonne,
bist erheitert, strahlst vor Wonne.

Und dann ist es passiert!
Die gute Laune gefriert.
Gleich neben der Eiche
der Tritt ins eklige Weiche.

Wie Schmierseife unter deinem Fuß
eines Hundes hinterlassener Gruß.
Kein Halt mehr, du verlierst die Balance,
du hattest niemals eine Chance.

Das Profil verliert seinen Zweck,
dein Schuh rutscht dir weg,
mit der Hand willst du dich stützen,
ach was soll das noch nützen.

Du greifst in die exkrementierten Massen,
festen Boden kannst du nicht fassen,
zwischen den Fingern quillt der Kot,
jählings leidest du allerhöchste Not.

Und schon schmeckst du diese fiese
zurückgelassene schleimige Köterbrise,
siehst nur noch braun, nicht mehr grün,
Zorn wird in dir heiß erglüh´n.

Wolltest doch sorglos spazieren,
im Park unter Bäumen müßig flanieren,
stattdessen brodelt augenblicklich der Saft
der Abscheu, der gibt dir jetzt Kraft.

Dein Antlitz gleich von Ärger aschgrau,
die Stimmung viel viel schlechter als lau,
nur noch ein Gedanke erhellt von der Sonne:
"Tod dem Hund" bereitet nun Wonne.

SCHWEISSTREIBENDE ERKENNTNIS

Gestern hatte ich gebechert
und kam dann bald ins Schwitzen,
hatte frische Luft mir zugefächert,
man, hatte ich einen sitzen.

Hatte mich schnell hingesetzt,
hastig noch einen Schluck getrunken,
die Stirn mit Wasser feucht benetzt
und heftig unterm Arm gestunken.

Ist dies des Becherns unvermeidlicher Lohn,
der Anfall von fließendem Schweiß?
Oder vom totgegossenen Kroton,
im Topf dort drüben der verwelkte Greis?

Bestimmt nicht von den Getränken,
Alkohol ist Medizin, Ethanol desinfiziert.
Schnell wieder ein Schlückchen versenken,
sicher ist sicher, viele Prozente inkludiert.

Da drüben dieses verwelkte Gewächs,
das ist der Anlass und das Übel,
das erzeugt bei mir den feuchten Reflex,
das modernde Wasser im stinkenden Kübel.

Und die sprudelnden Ströme von Schweiß?
Alkohol ist bestimmt nicht der Grund!
Und woher ich das alles weiß?
Mein heller Verstand tat mir das kund.

Den habe ich trainiert mit Himbeergeist,
umsonst hat der niemals diesen Namen.
Ist doch klar warum er so heißt?
Beflügelt den Geist wie Wasser den Samen.

DURCH DIE P-ZEITEN

Hatte, hatte, hatte
meinen Verstand umhüllt mit Watte.

Hüllte, hüllte, hüllte
mein Gehirn, weil's güllte.

Habe, habe, habe
gehabt eine ganz besondere Gabe.

Ist, ist, ist
das hier alles Mist?

Bin, bin, bin
im Wahn vermutlich drin.

Habend, habend, habend
an Klugheit schädlich schabend.

Habe gehabt, gehabt, gehabt,
habe nach höherer Erkenntnis geschnappt.

Hatte gehütet, gehütet, gehütet
und meinen Geist luftdicht eingetütet.

So geht's durch jede P-Zeit,
der Sinn winkt nur von ganz ganz weit.

DIE DAMEN SIND SO NETT

Die Damen sind so nett,
gesittet, kultiviert und fein,
ist alles keineswegs nur Schein,
sind so klug und so adrett.

Die Herren dagegen nicht immer,
gelegentlich sind sie brillant,
häufig jedoch wenig charmant,
und manchmal sind sie schlimmer.

Dann benehmen sie sich abscheulich,
verbreiten eine Aura wie ranziges Fett,
dem Wesen Mann eben getreulich.

Dagegen hebe ich die Frauen aufs Tablett,
der Umgang mit ihnen ist immer erfreulich,
und so widme ich ihnen folgendes Sonett:

DAMENSONETT

Bin Freund der Frauen, schmeichle gern den Damen,
säe Komplimente, sie hören es so gern.
Ich stehe den guten Sitten gar nicht fern,
nach hübschen Worten muss ich nicht lang kramen.

In ihrer Unschuld sät sie gleich den Samen,
Höflichkeit und Anstand ist ihres Wesens Kern.
Die liebreizende Frau ist mir Engel, ist mir Stern,
das glanzvolle Bild. Ich gebe nur den Rahmen.

Ihr feines Antlitz, sogleich bin ich der Chevalier,
bin heiter, scherzhaft, geistreich und galant,
flaniere mit der Schönen auf der Allee.

Ihr stolzes Fluidum so extravagant,
spendiere ich ihr sogleich das süße Baiser,
in der Konditorei, oder knusprig ein Croquant.

WAS WÄRE WENN

Was wäre wenn die Männer Rücksicht nähmen,
nicht immer auf dumme Gedanken kämen,
und überlegten wie leichtfertig sie Frauen
mit ihren unsinnigen Taten den Tag versauen?

Was wäre wenn die Frauen ihre Männer ließen,
zu spielen und ihre Hobbies zu genießen,
auch wenn deren Gehabe lässt vermissen jeden Stil,
all das in den Augen der Frauen nur infantil?

Was wäre wenn die Männer nicht nur sachlich dächten,
Empfindung und Emotion auszuleben sich auch beibrächten,
belanglosen Sport und Politik einmal beiseitelegten
und gehaltvolle persönliche Gespräche pflegten?

Doch was wäre wenn die Frauen nicht ersehnten
gemeinsam mit Männern jeden Gedanken dehnten,
analysierten nicht auch das letzte Gefühl
und gäben nicht jeder Stimmung bedenkenlos Asyl?

Ja was wäre wenn die Frauen die Männer verstünden,
würden sie vergeben all die Männer-Sünden
und verstünden die Männer auch die Frauen,
ließe sich darauf Eintracht und Harmonie aufbauen?

Ach das wäre wie,
wenn der HSV gehörte plötzlich zu den Besten,
die Sonne morgens aufginge tief im Westen
und vom Geld hätten wir zu viel des Guten.
Doch so etwas ist einem doch nicht zuzumuten!

FRAGEN

Eins möchte ich euch sagen,
bitte stellt mir keine Fragen
zu meinem Leben, was sollte sein.
Bitte stellt das Insistieren ein.

Ich leide schmerzhaft an den Tagen,
wenn ich umstellt von solchen Fragen.
Sie sind mir so zuwider,
zwingen mich nur darnieder.

Fragen gehören zu den Stolpersteinen,
sind dicke Knüppel zwischen Beinen.
Gewissheit gibt Geborgenheit,
Fragen verursachen nur Leid.

Haben Fragen einen Zweck?
Blasen nur die Einfalt weg.
Ist Erkenntnis denn ein Muss?
Stören nur den steten Fluss.

Fragen sorgen permanent für Wirrnis,
nehmen den Fakten nur den Firnis,
und schnell trübe wird die Klarheit,
und in Zweifel gerät jede Wahrheit.

Ich lebe in den Tag hinein
ohne Frage nach dem Sein.
Es reicht mir, dass ich bin,
für mich der einzig wahre Sinn.

Nach Antworten müsste ich grübeln,
das ist nur eines von den Übeln,
die Fragen bei mir auslösen.
Denken - gehört auch zum Bösen.

Jeder Zweifel muss schnell weg,
vermisse keinen Lebenszweck.
Es lebt sich doch so gut dahin,
suche nicht nach tiefem Sinn.

Zum Leben brauche ich nicht viel,
was bekümmert mich ein Ziel?
Mir fehlt auch jeder Ansporn,
Ehrgeiz entfacht bei mir nur Zorn.

Warum soll man sich entscheiden?
Konsequenz? Die will ich meiden.
Opportunist möchte ich nur sein.
Eigene Meinung? Nur zum Schein.

Mir ist nichts so richtig wichtig,
meinetwegen auch alles richtig,
was ihr behauptet, was euch einfällt.
Hauptsache, dass ihr keine Fragen stellt.

Wozu nach irgendetwas streben?
Leben will ich, leben!
Das wollte ich euch sagen.
Und, noch irgendwelche Fragen?

OH BERGE

Oh Berge Täler und Matten,
Winter wie Sommer die satten
Farben einem entgegen strahlen,
kein Künstler könnte so malen.

Im November waberndes trübes Grau,
früh morgens der helle glitzernde Tau,
im Juli schwarz die Gewitterwand,
das Weiß im Winter bis zum Himmelsrand.

Es zieht mich hinauf auf die Alm,
vorbei an Strauch und Halm,
ins Gebirge ins Gestein,
nirgends anders möchte ich sein.

Dann in der Hütte gemütlicher Schutz,
draußen geblieben Schuhe mit Schmutz,
und ab in die Ecke auf die hölzerne Bank,
endlich die Jause, Gott sei Dank.

Das ist der Sog des Apfelstrudels
und des blöden Alpengedudels,
der Duft vom Tiroler Speck
und das Alpengedudel erfüllt seinen Zweck.

Und hinab geht´s die Piste den Hang,
ein Ziel nur, wir spüren den Drang,
auf Skiern oder auf dem Rodel,
dazu schmetterndes Alpen-Gejodel.

Und ab in die Bar an den geschnitzten Tresen,
Blessuren vom Sturz sind plötzlich genesen,
Skiwasser lehnen wir dankend ab,
Bier in Krügen und das nicht zu knapp.

Das ist der Hunger nach Schüttelbrot und Käse,
das Rumoren der Boxen erzeugt keine Malaise,
daraus erdröhnt das stumpfe Alpen-Gedödel,
das sinnfreie laute Krach-Gerödel.

Wir stampfen freudig zu dem Rhythmus,
auch wenn die Sänger nur singen Stuss,
Melodien einfältig sind und schlicht,
das schert uns heuer hier doch nicht.

Das ist das Locken der fetten Buchteln,
wenn Mädels mit karierten Schürzen fuchteln
in weiß-blauen oder rot-weißen Farben,
im Intellekt hinterlassen sie tiefe Narben.

Zum Schluss Palatschinken mit Eis und mit Sauce,
dazu DJ Ötzi und die ganze Chose,
die dummen Texte werden laut gegrölt,
mit viel Schnaps die Stimme geölt.

Gleich vor des Alpens Brenner
suchten wir den gemeinsamen Nenner
und wir fanden ihn im Kleinsten,
das ist Après-Ski vom Feinsten.

Doch heute ist es ziemlich still,
alles verhalten, nichts klingt schrill,
das Virus uns zur Mäßigung zwang,
Corona sagen wir herzlichen Dank.

Doch wartet nur ab, so bleibt es nicht,
serviert wird wieder das Tiroler Gericht,
gegrölt, geherzt und gesoffen,
wenn Ischgl ist wieder offen.

Von der ursprünglichen Idee her wäre das Gedicht zwei Strophen kürzer gewesen, die ersten Verse entstanden bereits im Januar 2020. Aber bei Fertigstellung herrschte in den Alpen eine selige Ruhe. Wie konnte ich diese Idylle nicht berücksichtigen.

AN DER ALSTER

Der Wind weht frisch vom Wasser her,
oh wie lieben sie diese Brise sehr.
Der Tag ist jung, fast noch Nacht,
doch die Angler geben schon Acht.

Jeder kennt seine liebsten Stellen,
ruhiges Wasser ohne viel Wellen,
mit viel Abstand zu Seinesgleichen,
hier wird der Fang nur für einen reichen.

Schaut wie die zwei da rangeln,
dabei geht es doch nur ums Angeln.
Kloppen sich um den besten Platz,
vermutlich sowieso für die Katz.

Nun werden sie stundenlang verharren,
beharrlich auf die Pose starren,
hoffen, dass ein Fisch so blöd ist
und den fiesen Blinker frisst.

Und wenn endlich einer beißt
und heftig an der Schnur dann reißt,
so wird gekurbelt und gezogen,
die Rute wird fast umgebogen.

Diesmal wird es was Richtiges sein,
der Angler schwört es Stein und Bein.
Ein Zander vielleicht oder Hecht,
ein fetter Aal wär ihm auch recht.

Ein Kaulbarsch biss an, so ein kleiner,
zum genüsslich Essen ist es keiner,
zu viele Gräten hat dieser Fisch,
der kommt dem Angler nicht auf den Tisch.

Er löst den Haken aus des Fisches Schlund,
muntert ihn auf: Werd wieder gesund!
Und übergibt ihn schnell den Alster-Fluten,
der Angler muss sich nun schon sputen.

Sofort werden wieder Köder verteilt,
und der bisher erfolglose Angler sich beeilt,
denn lange wird er nicht mehr bleiben,
wenn Spaziergänger ihm die Ruhe vertreiben.

Und schon wieder geht die Pose unter,
die Miene des Anglers sie wird munter,
an Vorsicht darf es jetzt nicht mangeln,
diesen dicken Fisch muss er angeln.

Mit Anstrengung und letzter Kraft,
dann hat der Angler es geschafft,
und zieht ihn aus dem Wasser, den Arsch,
angebissen hat derselbe Kaulbarsch.

*Gewidmet meinem Vater, Heinz Rusch, der gerne früh morgens
an der Außenalster angelte. Erfolgreich war er selten, biswielen
bissen Rotaugen an, gerne die zu kleinen, die weiterleben durften.
Dem besagten Kaulbarsch haben mein Bruder Ronald oder ich, so
genau erinnere ich mich nicht mehr, zweimal vorsichtig den Haken aus dem Maul entfernt und ihn wieder der Alster übergeben.*

SCHLICHTES ENDE

Der Kabeljau, keine Arme, hat nur Gräten,
deshalb kann er auch nichts kneten.
Zum guten Reim taugt der Fisch nie,
selbst wenn wir ihn kneten oder bie-

Generäle von der übelsten Art,
allzu gern alsbald verscharrt.
Diese Verse allerdings sind kess,
als Dichter werde ich schon bes-

Seraphin, sechs Flügel oder vier ist einerlei,
zum Fliegen braucht ein Engel höchstens zwei.
Man sieht sie stehen an manchem Grab.
Hui, da habe ich aber hoch gestap-

Eltern dieser Verse sind
Drolligkeit und ich wie ein Kind.
Der Drang zum Reimen endet nie
und meine Verse werden auch nicht bie-

Dergleichen kann ich endlos reimen
und noch mehr werden in mir keimen.
Ob Fisch, ob Engel oder Soldat,
vieles ist in meine Gedichte gerat-

Ende ist das hier noch lange nicht,
ich schreibe weiter Gedicht für Gedicht,
denn jeder, jeder der mich kennt,
weiß, ich reime auch künftig, das ist mein Ent-

Schluss.

STATT EINES NACHWORTS

Nun ein wenig habe ich geschummelt
hin und wieder die Reihenfolge verbummelt
und das eine oder andere woanders hingestellt
dies und das zueinander gesellt
weil es anders gar nicht passte
woanders selbst ich es hasste
doch das habe ich mir erlaubt
sonst wären manche Gedichte Zuhause verstaubt

ALPHABETISCHES VERZEICHNIS DER GEDICHTTITEL

ALPHABETISCHES VERZEICHNIS
DER GEDICHANFÄNGE